Contraste insuffisant
NF Z 43-120-14

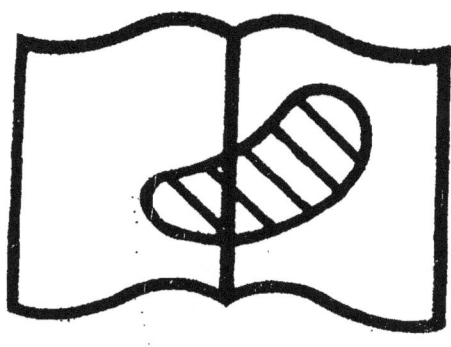

Illisibilité partielle

VALABLE POUR TOUT OU PARTIE DU
DOCUMENT REPRODUIT.

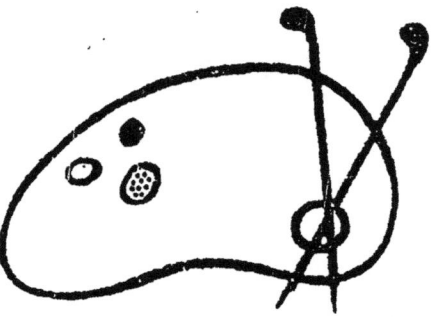

Début d'une série de documents en couleur

REVUE
DES
UNIVERSITÉS DU MIDI

NOUVELLE SÉRIE

DES

ANNALES DE LA FACULTÉ DES LETTRES DE BORDEAUX

RECUEIL TRIMESTRIEL

PUBLIÉ PAR LES PROFESSEURS DES FACULTÉS DES LETTRES

D'AIX, DE BORDEAUX, DE MONTPELLIER & DE TOULOUSE

TOME III

(DIX-NEUVIÈME ANNÉE)

N° 2

Avril-Juin 1897

A. BOUCHÉ-LECLERCQ
Le règne de Séleucus II Callinicus
et la critique historique.

Bordeaux
FERET & FILS, ÉDITEURS, 15, COURS DE L'INTENDANCE

Marseille	Paris
PAUL RUAT, 22, rue Noailles	LIBRAIRES ASSOCIÉS, 13, rue de Buci
Montpellier	**Toulouse**
C. COULET, 5, Grand'Rue	É. PRIVAT, 45, rue des Tourneurs

ANNALES
DE LA
FACULTÉ DES LETTRES DE BORDEAUX

Fondées en 1879

Par MM. Louis LIARD et Auguste COUAT

I^e SÉRIE

Publiée par les Professeurs de la Faculté des Lettres de Bordeaux

T. I (1879) à V (1883)

Librairie H. DUTHU, Bordeaux

IIe SÉRIE

Publiée par les Professeurs des Facultés des Lettres de Bordeaux et de Toulouse

T. VI (1884) à XVI (1894)

Ernest LEROUX, éditeur, Paris

IIIe SÉRIE

Inaugurée en 1895 sous le titre de

REVUE DES UNIVERSITÉS DU MIDI

et subventionnée par

Le Ministère de l'Instruction publique
Le Conseil Général de la Gironde
Le Conseil Municipal de Bordeaux
La Société des Amis de l'Université de Bordeaux

FERET ET FILS, éditeurs, Bordeaux

Pour l'organisation du Recueil et, en particulier, pour celle des Bulletins régionaux, voir au recto.

SOMMAIRE DE LA 2me LIVRAISON

P. **Perdrizet**, *Delphes et Marseille, à propos d'une inscription archaïque* (avec figure) 129

A. **Bouché-Leclercq**, *Le règne de Séleucus II Callinicus et la critique historique* (1er article). 133

E. **Bouvy**, *Origines italiennes de la* Henriade. 169

H. **Villeneuve**, *Les Écoles françaises et étrangères en Syrie*. 206

BULLETIN HISTORIQUE RÉGIONAL

C. **Jullian**, *Bordelais et Bazadais*. 241

BIBLIOGRAPHIE

G. Maspero, *Histoire ancienne des peuples de l'Orient classique* : t. II, *Les premières mêlées des peuples*. Paris, Hachette et Cie, 1897 **(G. Radet)**. 257

Ch. Michel, *Recueil d'inscriptions grecques* : fasc. I. Paris, Leroux, 1897 **(G. Radet)**. 260

P. Dognon, *Les Institutions politiques et administratives du Pays de Languedoc, du XIIIe siècle aux guerres de Religion*. Toulouse, É. Privat, 1896 **(Ch. Molinier)**. 260

P. Dupuy, *L'École normale de l'an III*. Paris, Hachette et Cie, 1895 **(É. Martin)**. 268

Ch.-V. Langlois, *Manuel de Bibliographie historique* : I, *Instruments bibliographiques*. Paris, Hachette et Cie, 1896 **(G. Radet)**. 271

RÉDACTION

Tout ce qui concerne la Rédaction doit être adressé à M. Georges Radet,
7, rue de Cheverus, Bordeaux.

COMPTES RENDUS

La *Revue des Universités du Midi* rend compte de tous les ouvrages dont il lui est adressé un exemplaire.

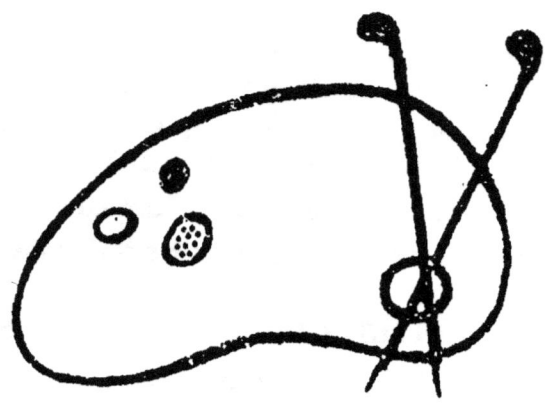

Fin d'une série de documents
en couleur

LE RÈGNE DE SÉLEUCUS II CALLINICUS
ET LA CRITIQUE HISTORIQUE[1]

Il existe dans le domaine de l'histoire, si patiemment fouillé par l'érudition moderne, de larges lacunes, des places dévastées, où l'historien ne retrouve plus que des témoignages dispersés, incohérents, contradictoires, témoignages qui procèdent de traditions hétérogènes et résistent aux combinaisons les plus ingénieuses imaginées pour les relier entre eux.

Telle est l'histoire des successeurs d'Alexandre, autrement dit, des royaumes hellénistiques issus de la conquête macédonienne. Chronologie incertaine; confusions perpétuelles entre des homonymes, entre des douzaines de Ptolémées et d'Antiochus, des quantités de Laodices et de Cléopâtres; textes non seulement rares, insuffisants, souvent sans autorité intrinsèque, comme extraits de compilations de basse époque ou de recueils d'anecdotes, mais encore défigurés par l'inintelligence ou l'inadvertance des copistes; toutes les difficultés qui peuvent lasser la patience la plus obstinée s'y trouvent réunies. Aussi ne saurait-on s'aventurer dans ces ténèbres sans payer tout d'abord un tribut de reconnaissance à l'auteur de l'*Histoire de l'Hellénisme*, qui, le premier, a débrouillé ce chaos sur une longueur de plus d'un siècle et fourni un point de départ assuré aux recherches ultérieures. Je lui rends d'autant plus volontiers cet hommage que, après l'avoir fidèlement suivi comme traducteur, j'éprouve maintenant le besoin de revendiquer à son égard mon indépendance de critique. Ce

---

[1] Des extraits de ce Mémoire ont été lus à l'Académie des Inscriptions, dans les séances des 22 février et 15 mars 1895 (Cf. *C. R. de l'Acad. des Inscr.*, p. 78-82).

A. BOUCHÉ-LECLERCQ.

n'est pas le moment d'oublier que son labeur a abrégé la tâche de quiconque essaie de rectifier ses vues et de dépasser le point où il a porté l'état de nos connaissances.

Droysen, qui se lamente souvent sur la pénurie ou l'incohérence des documents dont il dispose, s'avoue presque découragé quand il aborde le règne du quatrième Séleucide, Séleucus II Callinicus. Il se trouve en présence d'un inextricable enchevêtrement de faits que les textes permettent d'entrevoir, non de définir. Et ces faits sont de la plus haute importance. C'est le conflit entre Lagides et Séleucides, qui met l'empire de ces derniers à la merci de Ptolémée III Évergète; c'est ensuite la guerre intestine, provoquée par la rivalité des deux frères, Séleucus II et Antiochus dit Hiérax ou « l'Épervier »; le démembrement de l'empire asiatique, partagé entre les deux prétendants; enfin, la naissance du royaume de Pergame, constitué aux dépens des Séleucides et au profit d'une dynastie qui fait dans l'histoire une entrée triomphale, ayant ou prétendant avoir définitivement terrassé — comme jadis les Olympiens en lutte avec les Géants — les ennemis du monde civilisé, les Gaulois dévastateurs.

Si le souvenir de ces grands événements reste flottant, ce n'est pas qu'ils aient passé inaperçus en leur temps ou n'aient pas attiré par la suite l'attention des historiens anciens. Les lacunes de la tradition ne sont imputables qu'aux ravages du temps. Il a emporté pêle-mêle toutes les monographies, et, par malheur, l'ouvrage de Polybe, dont il a respecté les cinq premiers livres, ne commence qu'à la CXL.ᵉ olympiade (220 a. Chr.), quelques années après la fin du règne de Séleucus II. A part les secours précieux, mais ici parcimonieusement mesurés, que fournissent des monnaies sans date et des fragments d'inscriptions[1], ou des allusions rapides éparses dans les auteurs, nous n'avons à notre disposition que trois esquisses succinctes, dont chaque mot représente et présuppose toute une série de faits. C'est d'abord le sommaire ou « Prologue » du chapitre XXVII de Trogue-Pompée; ensuite, l'abrégé de ce même chapitre par Justin; en dernier lieu, une notice chronologique retrouvée dans une version arménienne

---

[1]. Sur les inscriptions récemment découvertes à Pergame, voyez ci-après.

d'Eusèbe, retraduite en latin et publiée en 1818 par Zohrab-
A. Mai (édition de Milan), et Aucher (édition de Venise).
Il y a peut-être quelque intérêt à examiner l'usage qui a
été fait de ces maigres sources, à entrer pour ainsi dire dans
le laboratoire de la critique verbale et historique, maniée
par les hommes éminents qui ont entrepris de résoudre le
problème. Le but que je me propose, c'est moins de restituer l'histoire du règne de Séleucus II Callinicus, avec la
prétention de faire œuvre personnelle, que d'analyser les
procédés de critique déjà appliqués à un cas particulière-
ment épineux.

On peut faire dater de Niebuhr le commencement de
l'enquête scientifique sur les sources de l'histoire ancienne,
à laquelle nos voisins — je veux dire, nos voisins surtout —
consacrent tant de labeur et de patience. Il s'est créé, autour
des Universités allemandes, toute une *Quellenliteratur*. On
ne compte plus les études sur les sources de Tite-Live, de
Diodore ou de Plutarque. La méthode y est partout la
même, et elles aboutissent toutes à disperser entre plusieurs
auteurs, les uns mal connus, les autres mal famés, la res-
ponsabilité et aussi la garantie qui s'attachait au nom de
l'historien soumis à cette dissection. Celui-ci est supposé le
plus souvent dépourvu de toute critique et, par conséquent,
d'autorité personnelle. On le soupçonne d'avoir procédé à
la façon des poètes épiques ou dramatiques, c'est-à-dire
d'avoir prélevé sur le fonds dont il disposait précisément
ce qu'il aurait dû en éliminer, le merveilleux ou l'in-
croyable, et d'avoir recousu ces morceaux disparates avec
un peu de rhétorique apprise à l'école. Sans regretter la
quiétude où la foi dans l'infaillibilité des auteurs anciens
entretenait les érudits du bon vieux temps, on peut penser
qu'il y a excès dans la réaction en sens opposé. L'hypercri-
tique est en train de pulvériser les matériaux de l'histoire;
d'annuler, en les opposant les unes aux autres, les affirma-
tions divergentes, et d'affaiblir même l'autorité des textes
concordants en les réduisant à n'être plus que la répétition
en quelque sorte machinale d'une première affirmation
sans contrôle. Il n'est pas douteux que cette dépréciation
systématique des textes d'auteurs ne doive trouver sa juste
limite au cours d'une réaction nouvelle, et j'ai même cru
discerner les premiers symptômes de ce mouvement de

retour précisément dans les allures de la critique appliquée à l'histoire du règne de Séleucus II. L'exemple m'a paru d'autant plus frappant que l'auteur le plus directement visé est Justin, un abréviateur de médiocre intelligence et capable des bévues les plus grossières. Nous verrons la critique, partie en guerre contre Justin et lui prodiguant les épithètes malsonnantes, revenir peu à peu au tracé indiqué par son texte et le trouver, somme toute, plus simple, plus vraisemblable, mieux d'accord avec les renseignements venus d'ailleurs, que les hypothèses qu'elle avait jugé à propos de lui substituer.

I

Pour suivre la discussion des problèmes relatifs au sujet, il est indispensable d'en avoir sous les yeux les données, c'est-à-dire les trois textes de Trogue-Pompée, de Justin et d'Eusèbe.

D'abord, celui de Trogue-Pompée (*Prolog. lib. XXVII*, p. 228, éd. Jeep) :

« Seleuci bellum in Syria adversus Ptolemaeum : item in Asia adversus fratrem suum Antiochum Hieracem, quo bello Ancurae victus est a Gallis : utque Galli Pergamo victi ab Attalo Ziaelam Bithunum occiderint. Ut Ptolemaeus Adaeum denuo captum interfecerit, et Antigonus Andro proelio navali Sophrona vicerit [1], et a Callinico fusus in Mesopotamia Antiochus insidiantem sibi effugerit Ariamenem, dein postea custodes Tryphonis : quo a Gallis occiso Seleucus quoque frater ejus decesserit, majoremque filium ejus Apaturios occiderit. »

Justin laisse de côté le court règne de Séleucus III indiqué dans la dernière ligne de Trogue-Pompée. Il ne s'occupe pas davantage de Ziaélas de Bithynie, ni des démêlés de Ptolémée avec Adæus (?) et Sophron (?), mais il remplit à peu près les autres compartiments du sommaire. Après avoir raconté comment la reine Bérénice, seconde femme

---

[1]. Le texte est corrompu ; les mss. donnent : « *Ut Ptolemaeus ad eum denuo captum interfecerit et Antigonam Andro proelio navali oprona vicerit.* » Les restitutions sont arbitraires : *Achaeum* (Niebuhr); *Ecdemum* (C. Müller); *Adaeum* (Gutschmid); *Antigonus ...Sophrona* (Gutschmid-C. Müller).

d'Antiochus II, avait été mise à mort par Séleucus avant que Ptolémée Évergète, qui accourait avec une armée pour protéger sa sœur, n'eût atteint Antioche. Justin poursuit en ces termes :

« Indigna res omnibus visa. Itaque [cum] universae civitates [quae defecerant ingentem classem conparassent, repente] exemplo crudelitatis exterritae simul et in ultionem ejus quam defensuri fuerant, Ptolemaeo se tradunt, qui nisi in Aegyptum domestica seditione revocatus esset, totum regnum Seleuci occupasset. Tantum vel illi odium parricidale scelus vel huic favorem indigne peremptae mors sororis adtulerat.

II. Post discessum Ptolemaei Seleucus cum adversus civitates quae defecerant ingentem classem conparasset, repente velut dis ipsis parricidium vindicantibus orta tempestate classem naufragio amittit : nec quicquam illi ex tanto adparatu praeter nudum corpus et spiritum et paucos naufragii comites residuos fortuna fecit. Misera quidem res, sed optanda Seleuco fuit : siquidem civitates, quae odio ejus ad Ptolemaeum transierant, velut dis arbitris satis factum sibi esset, repentina animorum mutatione in naufragi misericordiam versae imperio ejus se restituunt. Laetus igitur malis et damnis ditior redditus veluti par viribus bellum Ptolemaeo infert : sed quasi ad ludibrium tantum fortunae natus esset nec propter aliud opes regni recepisset quam ut amitteret, victus proelio non multo quam post naufragium comitatior trepidus Antiocheam confugit. Inde ad Antiochum fratrem litteras facit, quibus auxilium ejus inplorat oblata ei Asia intra finem Tauri montis in praemium latae opis. Antiochus autem cum esset annos XIIII natus, supra aetatem regni avidus occasionem non tam pio animo quam offerebatur adripuit : sed latronis more fratri totum eripere cupiens puer sceleratam virilemque sumit audaciam. Unde Hierax est cognominatus, quia non hominis, sed accipitris ritu in alienis eripiendis vitam sectaretur. Interea Ptolemaeus cum Antiochum in auxilium Seleuco venire cognovisset, ne cum duobus uno tempore dimicaret, in annos X cum Seleuco pacem facit : sed pax ab hoste data interpellatur a fratre, qui conducto Gallorum mercennario exercitu pro auxilio bellum, pro fratre hostem inploratus exhibuit. In eo proelio virtute Gallorum victor quidem Antiochus fuit, sed Galli arbitrantes Seleucum in proelio cecidisse in ipsum Antiochum arma vertere, liberius depopulaturi Asiam, si omnem stirpem regiam extinxissent. Quod ubi sensit Antiochus, velut a praedonibus auro se redemit societatemque cum mercennariis suis jungit.

III. Interea rex Bithyniae Eumenes sparsis consumptisque fratribus bello intestinae discordiae quasi vacantem Asiae possessionem invasurus victorem Antiochum Gallosque adgreditur. Nec difficile saucios adhuc ex superiore congressione integer ipse viribus superat. Ea namque tempestate omnia bella in exitium Asiae gerebantur : uti quisque fortior fuisset, Asiam velut praedam occupabat. Seleucus et Antiochus fratres bellum propter Asiam gerebant; Ptolemaeus rex Aegypti sub specie sororiae ultionis Asiae inhiabat. Hinc Bithynus Eumenes, inde Galli, humiliorum semper mercennaria manus, Asiam depopulabantur : cum interea nemo defensor Asiae inter tot praedones inveniebatur. Victo Antiocho cum Eumenes majorem partem Asiae occupasset, ne tunc quidem fratres, perdito praemio propter quod bellum gerebant, concordare potuerunt, sed omisso externo hoste in mutuum exitium bellum reparant. In eo Antiochus denuo victus multorum dierum fuga fatigatus tandem ad socerum suum Ariamenem, regem Cappadociae, pervehitur. A quo cum benigne exceptus esset, interjectis diebus cognito quod insidiae sibi pararentur, salutem fuga quaesivit. Igitur cum profugo nusquam in tuto salus esset, ad Ptolemaeum hostem, cujus fidem tutiorem quam fratris existimabat, decurrit, memor vel quae facturus fratri esset vel quae meruisset a fratre. Sed Ptolemaeus non amicior devicto quam hosti factus adservari eum artissima custodia jubet. Hinc quoque Antiochus opera cujusdam meretricis adjutus, quam familiarius noverat, deceptis custodibus elabitur fugiensque a latronibus interficitur. Seleucus quoque isdem ferme diebus amisso regno equo praecipitatus finitur. Sic fratres quasi et germanis casibus, exules ambo post regna scelerum suorum poenas luerunt. » (JUSTIN., XXVII, 1-3, ed. Jeep.)

Le morceau donne une idée vraie de la manière de Justin : les grands événements et les petits détails mis sur le même plan ; les actes motivés par des raisons vagues, des *quasi* et des *velut;* en fait de chronologie, des *interea, in eo, hinc;* pour comble, cette bévue énorme qui consiste à appeler Attale, le roi de Pergame, « Eumène, roi de Bithynie » (où il n'y a jamais eu d'Eumène). Peu importe, au fond, à Justin que le troisième larron, en la circonstance, fût celui-ci ou celui-là [1] : ce qui le préoccupe avant tout, c'est de tirer

---

[1]. Les critiques les plus empressés à récuser Justin sont ceux qui se décident le plus malaisément à ne pas trouver la raison de ses inadvertances. Niebuhr suppose que la guerre contre Antiochus avait été commencée par Eumène Ier de Pergame. D'autres (Wernsdorf, Kuhn) ajoutent qu'Eumène peut avoir été appelé « Bithynien » parce que les Attalides étaient originaires de Tion en Bithynie. Thræmer, trouvant un même stratagème employé contre les Gaulois par un Eumène (version de Frontin, I, 11, 15) et un Attale (Polyen, IV, 20), conclut de là que Trogue-Pompée parlait réellement de batailles entre Eumène Ier et les Gaulois. Plus hardi encore, Ed. Meyer lit *rex Bithyniae Ziaelas*, ce qui crée un nouveau

de l'histoire des leçons de morale et de nous montrer dans les infortunes des deux Séleucides l'expiation d'un parricide, du meurtre de leur belle-mère Bérénice. On comprend et on excuse le ton dédaigneux que prend avec lui la critique moderne.

Abordons maintenant le texte d'Eusèbe, ou extrait de Porphyre par Eusèbe, tel que nous le donne la dernière version latine faite sur le texte arménien par H. Petermann (dans l'Eusèbe d'Alfred Schœne, I, Berlin, 1875, pp. 251-253)[1] :

« (Seleuko) autem mortuo, succedit ei filius Seleukus, cujus cognomen vocabatur Keraunus. Haec vero ita ; quo facto accidit ut vivente adhuc Kaliniko Seleuko Antigonus junior frater ejusdem nollet acquiescere, suisque rebus adtendere. Adjutorem enim et suppetias Alexandria[2] etiam habebat, qui Sardianorum urbem tenebat, qui et frater matris ejus Laodikae erat ; necnon Galatas in duobus praeliis auxiliatores habuit. In Lidiorum terra Seleukus vicit ; sed neque Sardes, neque Ephesum cepit, Ptlomaeus enim urbem tenebat. Quum vero in Kappadokia et adversus Mithridatem secundus congressus esset, duae myriades ejus a barbaris caesae,

chapitre d'histoire. Tout cela est inquiétant. Il faudra de même rechercher pourquoi Justin (XXVI, 3) appelle Arsinoé la veuve de Magas de Cyrène, fille d'Antiochus Ier, qui s'appelait aussi Apama (Paus., I, 7, 3), et que Hygin (A. P., II, 24) confond avec Arsinoé, femme de Ptolémée Philadelphe. Niebuhr, qui distingue cette Arsinoé d'Apama, en conclut que Magas était polygame. Puis viendront les confusions entre les Laodices, les Cléopâtres, les Bérénices, etc. : problèmes solubles si l'on admet de simples méprises, nids à conjectures si l'on s'acharne à chercher dans ces erreurs des réminiscences défigurées. Le parti le plus raisonnable est de corriger quand l'erreur est évidente, et de ne pas se demander pour quelle raison absconse, par exemple, l'Eusèbe arménien a bien pu appeler *Antigonus* le frère de Séleucus Callinicus. Les conjectures finissent par cacher le peu qu'on sait de l'histoire probable.

1. Rappelons que le texte arménien d'Eusèbe a été publié et traduit par les PP. Méchitaristes de Venise, et que l'un d'eux, Zohrab, gagnant de vitesse son collègue J.-B. Aucher, publia le premier à Milan (1818, 1 vol. in-4°) une traduction latine faite avec la collaboration de A. Mai. C'est la traduction dont se sont servis Niebuhr et Droysen. Celle de J.-B. Aucher parut la même année — avec le texte arménien — en deux éditions successives ; la première, en 2 vol. in-4° ; la seconde, avec quelques corrections, en 1 vol. in-f° (Venetiis, 1818). La version de Petermann vise à l'exactitude littérale et contient des variantes que j'ai cru devoir retrancher. Sur ma demande, un savant dont l'obligeance égale la compétence, M. A. Carrière, professeur à l'École des Langues orientales vivantes, a bien voulu confronter de nouveau avec le texte arménien les passages de sens équivoque dans le chapitre concernant notre sujet. On trouvera ci-après les observations que je dois à son aimable empressement.

2. La version Zohrab-Mai donne *Alexandriae*, celle de J.-B. Aucher *Alexandrum* [*Alexandr*... dans le texte arménien imprimé ; *Alexandria* (?) dans le ms.]. M. Carrière considère comme certaine la correction *Alexandrum*, sans laquelle la suite de la phrase est inintelligible.

ipseque occisus periit[1]. Ptlomaeus autem, qui et Triphon, partes Syriorum occupavit, quae vero apud Damaskum et Orthosiam obsessio fiebat[2], finem accepit centesimae tricesimae quartae olompiadis anno tertio[3], quum Seleukus eo descendisset[4]. Antigonus Kaliniki frater, magnam Phrygiam peragrans ad tributa incolas coegit, ducesque exercitus adversum Seleukum misit: verum a suis satellitibus, barbaris traditus est[5]: ex quibus cum paucis se eripiens Magnesiam proficiscebatur, et sequenti die aciem instruebat, atque inter alios milites etiam auxiliares a Ptlomaeo accipiens vicit: et filiam Zielis uxorem ducebat. Attamen CXXXVII olompiadis anno quarto[6] in Lidiorum terra bis adgressus[7] Antigonus debellatus est, et e regione Koloae cum Attalo praelium committebat, et anno primo centesimae tricesimae octavae olompiadis[8] in Thrakiam fugere ab Attalo coactus post praelium in Karia factum moritur[9].

1. La version Aucher-Petermann ne vaut pas ici celle de Zohrab-Mai : *profligatus evanuit*, qui rend mieux le texte arménien *satakeal pakasèr* et supprime une erreur historique. Le sens exact est « disparut après sa défaite » (A. Carrière).

2. Traduction rigoureusement exacte chez Aucher et Petermann : à écarter le tour plus élégant imposé sans doute à Zohrab par A. Mai : *Syriae regiones cum Damasco occupavit, Orthosiamque obsidione cinxit* (A. C.).

3. 242/1 a. Chr.

4. Mot à mot exact : l'idée suggérée par *appulso* (trad. Mai) — descente par mer — est absente du texte arménien (A. C.).

5. La virgule qui sépare *satellitibus* de *barbaris* a pour but d'éviter l'équivoque. Il faut entendre « fut livré aux Barbares par ses satellites ». L'équivoque va jusqu'au contresens dans la version Zohrab-Mai : *quum a barbaris suis satellitibus se prodi sensisset*. Quant au terme rendu par *satellites*, c'est un děrat dont la signification n'est pas bien claire. Le dictionnaire de Ciakciak propose *cortigiano adulatore*, ou bien *confidente simulato*. C'est un mot composé qui peut vouloir dire « ceux qui étaient attachés à sa personne de leur plein gré », ou bien « pour ses plaisirs », idée rendue par Aucher : *verum a suis voluptariis ministris barbaris traditus est* (A. C.). Antiochus aurait donc été livré par ses intimes aux Barbares, à ses mercenaires révoltés. Il y a peut-être là excès de précision : le sens vague de « trahi » s'accommode mieux avec les faits que celui de « livré », qui suppose main-mise sur la personne.

6. 229/8 a. Chr.

7. Zohrab-Mai donnent *bis armis motis*. La traduction *bis adgressus* est de beaucoup préférable. Littéralement, le texte dit : « s'étant mis en ligne, s'étant rangé en bataille » (A. C.).

8. 228/7 a. Chr.

9. Il importe de rétablir le sens exact de cette phrase, qui sert de point d'appui à tant de conjectures. Le texte arménien, serré de près, donne : « La première année de la 138e olympiade, s'étant réfugié en Thrace pour échapper à Attale, après la bataille qui avait eu lieu en Carie, il mourut ». Le mot traduit ici par *après* signifie littéralement *à la suite de* — la bataille, et non par *une bataille* : le mot est déterminé. La date de la mort d'Antigone (Antiochus) est donnée par l'olympiade : *après la bataille* indique le moment de la fuite. Le *fugere ab Attalo coactus* par Petermann à Aucher, n'est pas dans le texte et ressemble beaucoup à un contresens (A. C.). *La bataille livrée en Carie* peut être une date connue, un pur synchronisme; mais *après*, entendu comme *à la suite de*, semble indiquer une relation

Seleukus autem, qui Kalinikus vocabatur, Antigoni frater, obiit anno altero [1]. »

En dépit des dates dont il est pourvu, ce morceau a l'aspect peu rassurant d'un logogriphe. L'expression *vivente adhuc Callinico* — venant *après* mention faite de la mort du même Callinicus — semble indiquer que le chronographe passe sous silence une bonne partie du règne et ne fait commencer la rivalité des deux frères que vers la fin. Mais, plus loin, l'invasion de la Syrie par Ptolémée appartient sans aucun doute au commencement du règne, car elle précède la levée du siège d'Orthosia, datée de 242/1 avant notre ère, c'est-à-dire de la quatrième année d'un règne qui a duré vingt ans. D'ailleurs, rien ne motive l'irruption du Lagide, et l'on ne se douterait pas que cet épisode insignifiant ait été précédé d'un duel à mort entre les deux dynasties. L'histoire de la guerre entre les deux frères, interrompue par cette phrase si étrangement placée, se poursuit sans qu'on puisse dire comment ce conflit se surcharge par intermittences de démêlés entre Antiochus et les Gaulois ou Attale de Pergame. Enfin, la substitution d'*Antigonus* à *Antiochus* est une méprise qui n'est pas précisément insignifiante. Quoi qu'il en soit, le texte du chronographe apportait quelques points de repère dans l'espace et dans le temps, et Niebuhr salua avec enthousiasme l'apparition de ce guide nouveau, qui allait enfin permettre de contrôler les assertions de Trogue-Pompée et de Justin. L'illustre critique se mit aussitôt en devoir de signaler le *Gain historique à tirer de la traduction arménienne de la Chronique d'Eusèbe*. C'est le titre même d'un Mémoire qu'il publia en 1819, et dans lequel la partie afférente au règne de Séleucus II n'occupe guère qu'une vingtaine de pages (p. 273-297) sur un total de près de cent trente [2].

---

de cause à effet. Le litige n'est pas tranché : c'est beaucoup cependant que d'échapper à l'enchaînement étroit des faits *(coactus post praelium)* supposé par Petermann.

1. 227/6 a. Chr.
2. *Historischer Gewinn aus der armenischen Uebersetzung der Chronik des Eusebius* (*Abh. d. Berlin. Akad.*, 1819 = *Kl. Schr.*, I [1828], p. 179-304). J'ai essayé de mettre sous les yeux du lecteur, dans des résumés graphiques, une vue d'ensemble des quatre principaux systèmes analysés, sans demander à un procédé aussi sommaire autre chose qu'une exactitude approximative. Les exigences typographiques m'ont obligé à grouper ici ces tableaux, au lieu de les répartir de façon à suivre la marche de la discussion.

I. SYSTÈME DE NIEBUHR

		TROGUE	JUSTIN	EUSÈBE (trad. MAI)
246	Révolte des villes grecques (en faveur de Bérénice). Mort de Bérénice. Séleucus et Antiochus unis. Dédicace à l'Apollon Milésien (*C. I. Gr.*, 2852). Alliance avec les Rhodiens (Polyb., XXXI, 7) et la Macédoine. Ptolémée en Syrie, puis en Orient. Séleucus contre les villes grecques. Naufrage de sa flotte. Revirement des villes grecques, qui équipent une flotte pour Séleucus.		Itaque universae civitates — Ptolemaeo se tradunt. Post discessum Ptolemaei Seleucus cum adversus civitates quae defecerant ingentem classem conparasset — naufragio amittit. Res optanda Seleuco fuit, siquidem civitates imperio ejus se restituunt.	Ptolemaeus vero Syriae regiones occupavit cum Damasco, Orthosiamque obsidione cinxit,
243/2	Séleucus débloque Orthosia.	Seleuci bellum in Syria adversus Ptolemaeum.	Igitur bellum Ptolemaeo infert :	quae quidem soluta est ol. cxxxiv, 3, Seleuco illuc appulso.
	Antiochus proclamé roi à Sardes. Ptolémée, retour d'Orient, lui cède la Cilicie et le reconnaît pour roi d'Asie Mineure (Hieron., *In Dan.*, XI, 2). Séleucus, battu en Syrie, réfugié à Antioche, reconnaît son frère pour roi et		sed victus praelio Antiocheam confugit. Inde ad Antiochum fratrem literas facit quibus auxilium ejus implorat, oblata ei Asia intra finem Tauri montis.	Antiochus — adjutorem nactus est Alexandrum qui urbem Sardes tenebat.
241/0	signe une trêve de dix ans avec Ptolémée.		Interea Ptolemaeus, cum Antiochum in auxilium Seleuco venire cognovisset, in annos X pacem cum Seleuco facit.	
240/39	Stratonice à Antioche (Agatharch. ap. Joseph. *C. Apion.*, I, 22; Justin, XXVIII, 1). Séleucus en Orient. Troubles à Antioche : retour précipité de Séleucus (Justin, XLI, 5); mort de Stratonice. Antiochus veut détrôner son frère. Il est battu deux	Item in Asia adversus fratrem suum Hieracem.	Antiochus autem [cum esset annos XIIII natus] — latronis more fratri totum eripere cupiens, etc.	

		TROGUE	JUSTIN	EUSÈBE (trad. MAI)
	fois en Lydie par Séleucus.		Sed pax ab hoste data interpellatur a fratre, qui conducto Gallorum exercitu pro auxilio bellum exhibuit.	Denique et Gallis auxiliaribus usus est in duobus praeliis. Duobus praeliis Seleucus in Lydia victoriam nactus est, ita tamen ut neque Sardes caperet, neque Ephesum. — Deinde in Cappadocia adversus Mithridatem novo praelio coorto, tum militum ejus XX milia caesa a barbaris sunt, tum ipse profligatus evanuit.
	Séleucus battu par Mithridate en Cappadoce (ou à Ancyre?).	Quo bello Ancurae victus est a Gallis.	In eo praelio virtute Gallorum victor quidem Antiochus fuit,	
231/0	Antiochus rançonne la Phrygie : il est trahi par ses Gaulois et poursuivi (par Séleucus) jusqu'à Magnésie, où la garnison égyptienne lui prête secours (la trêve de 241/0 étant expirée). Accommodement entre Antiochus et ses Gaulois.		sed Galli arbitrantes Seleucum in praelio cecidisse in ipsum Antiochum arma vertere. Quod ubi sensit Antiochus, velut a praedonibus auro se redemit societatemque eum mercennariis suis jungit.	Antiochus autem Magnam Phrygiam peragrans — contra Seleucum copiarum duces mittebat. Quo tempore cum a barbaris se prodi sensisset, parvo comitatu Magnesiam evasit, crastinaque die Ptolemaei auxiliis fretus praelium felici Marte conseruit.
	Antiochus épouse la fille de Ziaélas. [Paix définitive entre Séleucus et Ptolémée.]			Tum et Ziaelae filiam nuptiis sibi copulavit.
230/29	Suite de la guerre entre Antiochus et Séleucus. Antiochus, deux fois battu en Lydie par Séleucus, l'est encore à Pergame (Coloé?) par Attale.	Utque Galli Pergamo victi ab Attalo Ziaelam Bithynum occiderint.	Interea (Attalus) victorem Antiochum Gallosque adgreditur — et superat.	Deinde ol. CXXXVII, 4, in Lydia bis armis debellatus est. Tum etiam circa Choloen certavit cum Attalo.
228	Mort de Ziaélas. Antiochus, de nouveau battu en Mésopotamie (?),	Et a Callinico fusus in Mesopotamia Antiochus insidiantem sibi effugerit Ariamenem.	Victo Antiocho, ne cum quidem fratres concordare potuerunt, sed omisso externo hoste bellum reparant. In eo Antiochus denuo victus, multorum dierum fuga fatigatur tandem ad socerum suum Ariamenem regem Cappadociae pervehitur.	
	se réfugie en Cappadoce,			
	et se livre ensuite à Ptolémée, dans la Thrace égyptienne.		Igitur cum profugo nulla salus esset, ad Ptolemaeum hostem decurrit. Sed Ptolemaeus adservari eum artissima custodia jubet. Hinc quoque Antiochus — deceptis custodibus elabitur, fugiensque a latronibus interficitur.	Denique ol. CXXXVIII, 1, Attalum in Thraciam usque fugiens post pugnam in Caria patratam vita excessit.
227	Évasion et mort d'Antiochus.	Dein postea custodes Tryphonis : quo a Gallis occiso, Seleucus quoque frater ejus decesserit.		
226	Mort de Séleucus II.		Seleucus quoque isdem ferme diebus amisso regno equo praecipitatus finitur.	Jam et Seleucus frater postero anno extinctus est.
		Ut Ptolemaeus Achaeum denuo captum interfecerit et Antigonum navali praelio vicerit.		

II. SYSTÈME DE DROYSEN

		TROGUE	JUSTIN	EUSÈBE (trad. MAI)
246	Dédicace à l'Apollon milésien (*C. I. Gr.*, 2852). Ptolémée III en Orient. — Séleucus passe d'Asie Mineure en Séleucie (*C. I. Gr.*, 3137). Défection des villes grecques. Troubles en Égypte (Cyrénaïque?) avec ingérence de la Macédoine (?).		Itaque universae civitates — Ptolemaeo se tradunt,	
244/3	Retour de Ptolémée, qui confie la Cilicie à Antiochus Hiérax (Hieron., *In Dan.*, XI, 2) et réprime la sédition en Égypte.	Ut Ptol. ad eum (?) — interfecerit et Antigonum Andro praelio navali pervicerit.	qui nisi in Aegyptum seditione revocatus esset, totum regnum Seleuci occupasset.	
242	Séleucus de nouveau en Séleucide (*C. I. Gr.*, 3157). Succès. Fondation de Callinicon (*Chron. Pasch.*). Séleucus contre les villes grecques. Naufrage de sa flotte. Hiérax et Ptolémée contre Séleucus.		Post discessum Ptolemaei Seleucus cum adversus civitates quae defecerant ingentem classem conparasset — naufragio amittit.	Ptolemaeus vero — Syriae regiones occupavit cum Damasco Orthosiamque obsidione cinxit.
	Ptolémée envahit la Syrie, et Hiérax la Lydie. Hiérax proclamé roi à Sardes.	Seleuci bellum in Syria adversus Ptolemaeum.	Antiochus autem, cum esset annos XIIII natus — latronis more fratri totum eripere cupiens, etc. Res optanda Seleuco fuit (naufragium), siquidem civitates imperio ejus se restituunt.	Antiochus — adjutorem nactus est Alexandrum qui urbem Sardes tenebat — denique et Gallis auxiliaribus usus est. — Duobus praeliis Seleucus in Lydia victoriam nactus est
241	Séleucus, avec l'appui des villes grecques, poursuit Hiérax en Lydie et le bat à deux reprises.	Item in Asia adversus fratrem suum Hieracem,		
	Séleucus, battu à Ancyre par Antiochus et Mithridate,	quo bello Ancurae victus est a Gallis :	Sed pax ab hoste data (?) interpellatur a fratre, qui conducto Gallorum exercitu pro auxilio (?) bellum exhibuit. In eo praelio Gallorum virtute victor Antiochus fuit.	Deinde in Cappadocia adversus Mithridatem novo praelio coorto, tum militum ejus XX milia caesa a barbaris sunt, tum ipse profligatus evanuit.
	se réfugie en Cilicie (Polyaen., IV, 9, 6).			
	Séleucus débloque Orthosia.		Igitur bellum Ptolemaeo infert (Seleucus) —	(Orthosia) soluta est ol. cxxxiv, 3, Seleuco illuc appulso.
	Antiochus aux prises avec ses Galates : accommodement.		sed Galli — in ipsum Antiochum arma vertere — Antiochus — auro se redemit societatemque cum mercennariis suis jungit.	
240?	Attale attaque Antiochus.		Interea (Attalus) victorem Antiochum Gallosque adgreditur,	

		TROGUE	JUSTIN	EUSÈBE (trad. MAI)
	Séleucus, battu en Syrie, se réfugie à Antioche, fait la paix avec son frère et		sed victus proelio (Seleucus) Antiocheam confugit. Inde ad Antiochum fratrem literas facit quibus auxilium ejus implorat, oblata ei Asia intra finem Tauri montis.	
239	signe une trêve de dix ans avec Ptolémée.		Interea Ptolemaeus in annos X cum Seleuco pacem facit	
	Stratonice à Antioche (Agatharch. ap. Joseph. *C. Apion.*, I, 22).		[Justin, XXVIII, 1.]	
238	Séleucus en Orient. Intrigues de Stratonice et de Hiérax.			
236	Retour de Séleucus (battu par Arsace, Strab., XI, p. 513); fuite et mort de Stratonice à Séleucie. Antiochus contre Séleucus, en Phrygie.		[Justin, XLI, 4-5.]	Antiochus autem Magnam Phrygiam peragrans — contra Seleucum copiarum duces mittebat.
	Séleucus s'allie avec Attale, qui bat Antiochus et les Gaulois à Pergame.	utque Galli Pergamo victi ab Attalo	et superat (Attalus Antiochum). —	
235	Antiochus attaque Séleucus, est battu, poursuivi en Mésopotamie — rejeté en Arménie (Polyæn. IV, 17) — de là en Cappadoce; puis, relancé par Séleucus,	et a Callinico fusus in Mesopotamia Antiochus insidiantem sibi effugerit Ariamenem	Victo Antiocho — ne tum quidem fratres concordare potuerunt, sed omisso externo hoste, bellum reparant. In eo Antiochus denuo victus, multorum dierum fuga fatigatus tandem ad socerum suum Ariamenem regem Cappadociae pervenitur. — Igitur cum profugo nulla salus esset, ad Ptolemaeum hostem decurrit —	Quo tempore cum a barbaris se prodi sensisset parvo comitatu Magnesiam evasit, crastinaque die Ptolemaei auxiliis fretus praelium felici Marte conseruit.
	il trouve refuge et appui à Magnésie du Méandre. [Paix générale.] Antiochus épouse la fille de Ziaélas.			Tum et Ziaelae filium nuptiis sibi copulavit.
229/8	Antiochus, après la mort de Ziaélas, s'allie avec Antigone contre Ptolémée.	(utque Galli) Ziaelam Bithynum occiderint		
	Antiochus deux fois battu en Lydie par Ptolémée. Attaqué par Attale, il est vaincu à Coloé, et tombe aux mains des Égyptiens. Victoire d'Antigone en Carie.	[Prol. XXVIII]	sed Ptolemaeus adservari eum artissima custodia jubet. Hinc Antiochus — deceptis custodibus elabitur, fugiensque a latronibus interficitur.	Deinde ol. cxxxvii, 4, in Lydia bis armis debellatus est. Tum etiam circa Choloen certavit cum Attalo. Denique ol. cxxxviii, 1, Attalum in Thraciam usque fugiens post pugnam in Caria patratam vita excessit.
227	Emprisonné en Thrace, Antiochus s'échappe et tombe sous les coups des Gaulois.	dein postea cum todes Tryphonis quo a Gallis occiso Seleucus quoque frater ejus decessit.	Seleucus quoquo iisdem ferme diebus amisso regno equo praecipitatus finitur.	Jam et Seleucus frater, postero anno extinctus est.
226	Mort de Séleucus II.			

III. SYSTÈME DE FR. KŒPP

		TROGUE	JUSTIN	EUSÈBE (trad. PETERMANN)
246	Dédicace à l'Apollon Milésien (*C. I. Gr.*, 2852). Défection des villes grecques. Séleucus passe en Syrie (Séleucide) envahie par Ptolémée (*C. I. Gr.*, 3157). Ptolémée est en Asie Mineure et assiège Smyrne. — Magnésie du Sipyle contre Séleucus (*ibid.* l. 90 sqq.). Révolte d'Antiochus à Sardes.		Itaque — universae civitates — Ptolemaeo se tradunt	
			Antiochus autem [cum esset annos XIIII natus] — latronis more fratri totum eripere cupiens, etc.	(Antiochus) adjutorem et suppetias Alexandria (?) enim habebat qui Sardianorum urbem tenebat necnon Galatas in duobus praeliis auxiliatores habuit. In Lidiorum terra Seleucus vicit, sed neque Sardes neque Ephesum cepit.
	Ptolémée en Orient. *Guerre (désormais perpétuelle) entre les deux frères.* Séleucus deux fois vainqueur d'Antiochus en Lydie.		Post discessum Ptolemaei	
243	Retour de Ptolémée, qui donne la Cilicie à Antiochus.	Ut Ptolemaeus Antigonum Andro navali praelio pervicerit.	qui nisi in Aegyptum domestica seditione revocatus esset, totum regnum Seleuci occupasset.	
	Séleucus contre les villes grecques : naufrage de sa flotte. Il s'allie avec Mithridate. Revirement des villes grecques en faveur de Séleucus. Séleucus passe de nouveau en Syrie (*C. I. Gr.*, 3157). Succès.	Seleuci bellum in Syria adversus Ptolemaeum.	Seleucus cum adversus civitates quae defecerant ingentem classem comparasset, naufragio amittit. Res optanda Seleuco fuit, siquidem civitates imperio ejus se restituunt. Igitur bellum Ptolemaeo infert:	Ptolomaeus autem — partes Syriorum occupavit :
242 241	Fondation de Callinicon. Orthosia débloquée par la flotte de Séleucus. Séleucus, vaincu et réfugié à Antioche, offre vainement la paix à son frère		sed victus praelio Antiocheam confugit. Inde ad Antiochum fratrem literas facit, quibus auxilium ejus implorat, oblata ei Asia intra finem Tauri montis.	quae vero apud Damascum et Orthosiam obsessio fiebat finem accepit ol. CXXXIV, 3, quum Seleucus eo descendisset.
	et signe une trève de dix ans avec Ptolémée.		Interea Ptolemaeus, cum Antiochum in auxilium Seleuco venire cognovisset, in annos X pacem cum Seleuco facit. Sed pax ab hoste data interpellatur a fratre, qui, conducto Gallorum mercenario exercitu pro auxilio bellum exhibuit.	
	Séleucus recommence la guerre contre Antiochus soutenu par Mithridate.	Item in Asia adversus fratrem suum Hieracem, quo bello Ancurae victus est a Gallis.		Quum vero in Kappadokia et adversus Mithridatem secundus congressus esset, duae myriades ejus a barbaris caesae ipseque occisus periit.
240	Séleucus battu à Ancyre par les Gaulois (Tectosages) de Mithridate et Antiochus.		In eo praelio virtute Gallorum victor quidem Antiochus fuit,	

		TROGUE	JUSTIN	EUSÈBE (trad. PETERMANN)
	Attale bat les Tolistoages *ad Caicum* (*Inscr. Perg.*, 20-24) et prend le titre de roi. Antiochus en Phrygie : traqué par ses Gaulois, il se réfugie à Magnésie, et, avec l'aide de la garnison égyptienne, force les Gaulois à un accommodement.		sed Galli arbitrantes Seleucum in praelio cecidisse in ipsum Antiochum arma vertere. Quod ubi sensit Antiochus, velut a praedonibus auro se redemit societatemque cum mercenariis suis jungit.	(Antiochus) vero Magnam Phrygiam peragrans ad tributa incolas coegit, ducesque exercitus adversus Seleukum misit : verum a suis satellitibus barbaris traditus est, ex quibus cum paucis se eripiens Magnesiam proficiscebatur et sequenti die vicit, et filiam Zielis uxorem ducebat.
239	Paix définitive entre Séleucus et Ptolémée. Antiochus épouse la fille de Ziaélas.			
	Séleucus s'allie avec Attale, qui bat Antiochus et ses Gaulois (Tectosages et Tolistoages) à Pergame (Aphrodision, *C. I. Gr.*, 3536), puis dans la Phrygie d'Hellespont (*Inscr. Perg.*, 22). Ziaélas assassiné par les Gaulois. Séleucus en Orient. Intrigues de Stratonice et d'Antiochus. Expulsé d'Asie Mineure par Attale, Antiochus est vaincu par Séleucus en Mésopotamie ; rejeté en Arménie, réfugié en Cappadoce, il arrive enfin chez les Galates.	Utque Galli Pergamo victi ab Attalo Ziaelam Bithynum occiderint. Et a Callinico fusus in Mesopotamia Antiochus insidiantem sibi effugerit Ariamenem.	Interea (Attalus) victorem Antiochum Gallosque adgreditur — et superat. Victo Antiocho, ne tunc quidem fratres concordare potuerunt, sed omisso externo hoste in mutuum exitium bellum reparant. In eo Antiochus denuo victus, multorum dierum fuga fatigatus tandem ad socerum suum Ariamenem regem Cappadociae pervehitur.	
230/29	Reprise des hostilités entre Antiochus et Attale. Antiochus est battu à Coloé, en Lydie, et (par Attale encore) en Carie (*Inscr. Perg.*, 27-28).			Attamen ol. CXXXVII, 4, in Lidiam bis adgressus debellatus est, et e regione Koloae cum Attalo praelium committebat,
228	Antiochus s'enfuit en Thrace, où il est arrêté par ordre de Ptolémée.		Igitur cum profugo nulla salus esset, ad Ptolemaeum hostem decurrit. Sed Ptolemaeus adservari eum artissima custodia jubet. Hinc Antiochus deceptis custodibus elabitur, fugiensque a latronibus interficitur. Seleucus quoque isdem fere diebus amisso regno equo praecipitatus est.	et ol. CXXXVIII, 1, in Thrakiam fugere ab Attalo coactus post praelium in Karia factum
227	Évasion d'Antiochus, qui est tué par des Gaulois.	Dein postea custodes Tryphonis : quo a Gallis occiso,		moritur.
226	Mort de Séleucus II.	Seleucus quoque frater ejus decessit.		Seleukus autem — obiit anno altero.

IV. SYSTÈME DE J. BELOCH

		TROGUE	JUSTIN	EUSÈBE (trad. PETERMANN)
246	Défection des villes grecques (Sophron à Éphèse, *Athen.* XIII, p. 593). Séleucus met à mort Bérénice. Ptolémée en Syrie, puis en Orient.		Itaque universae civitates quae defecerant Ptolemaeo se tradunt, [qui nisi in Aegyptum domestica seditione revocatus esset, totum regnum Seleuci occupasset].	
	Séleucus, chassé de Syrie, passe en Asie Mineure (Séleucide, *C. I. Gr.*, 3137). Il arme contre les villes grecques une flotte qui fait naufrage.	[Ut Ptolemaeus Adaeum (?) interfecerit et Antigonus (?) Andro praelio navali Sophrona vicerit.]	Post discessum Ptolemaei Seleucus cum adversus civitates quae defecerant ingentem classem conparasset, naufragio amittit.	
	Séleucus allié des Rhodiens, qui battent la flotte égyptienne à Éphèse (Polyæn, V, 10. Polyb, XXXI, 7, 6). Revirement des villes grecques en faveur de Séleucus, qui s'allie avec Mithridate.		Res optanda Seleuco fuit, siquidem civitates imperio ejus se restituunt.	
243	Retour de Ptolémée, qui se hâte de rentrer en Égypte.			
242/1	Succès de Séleucus en Syrie : fondation de Callinicon.		Igitur bellum Ptolemaeo infert,	Ptolomaeus autem partes Syriorum occupavit : quae vero apud Damascum et Orthosiam obsessio fiebat, finem accepit ol. cxxxiv, 3, quum Seleucus eo descendisset.
241/0	Ptolémée en Syrie. Séleucus débloque Orthosia : mais, vaincu, il se réfugie à Antioche,	Seleuci bellum in Syria adversus Ptolemaeum.	sed victus praelio Antiocheam confugit. Inde ad Antiochum fratrem literas facit, quibus auxilium ejus implorat, oblata ei Asia intra finem Tauri montis. Antiochus autem, cum esset annos XIIII natus, latronis more fratri totum eripere cupiens, etc.	
	et Antiochus Hiérax se révolte à Sardes.			(Antiochus) adjutorem et suppetias Alexandria (?) habebat, qui Sardianorum urbem tenebat
237	Séleucus entre en accommodement avec Hiérax, et les deux frères coalisés obligent Ptolémée à signer une paix définitive. Dédicace à l'Apollon Milésien (*C. I. Gr.*, 2852).		Interea Ptolemaeus, cum Antiochum in auxilium Seleuco venire cognovisset, in [post?] annos X pacem cum Seleuco facit.	

		TROGUE	JUSTIN	EUSÈBE (trad. PETERMANN)
235/4	Guerre entre les deux frères. Séleucus envahit l'Asie Mineure (Séleucide, *C. I. Gr.*, 3,137) et gagne deux batailles en Lydie. Il est battu à Ancyre par les Gaulois (de Mithridate et d'Antiochus réunis).	Item in Asia adversus fratrem suum Hieracem, quo bello Ancurae victus est a Gallis,	Sed pax ab hoste data interpellatur a fratre, qui conducto Gallorum mercennario exercitu pro auxilio bellum exhibuit. In eo praelio virtute Gallorum victor quidem Antiochus fuit.	— necnon Galatas in duobus praeliis auxiliatores habuit. In Lidiorum terra Seleucus vicit, — quum vero in Kappadokia et adversus Mithridatem secundus congressus esset, duae myriades ejus a barbaris caesae, ipseque occisus periit.
234/3	Paix entre Séleucus et Hiérax. Stratonice à Sardes (auprès de Hiérax), puis à Antioche. Séleucus en Orient, contre les Parthes (Troubles d'Antioche et brusque retour de Séleucus). En l'absence de Séleucus, Hiérax, par ses exactions en Phrygie, se brouille avec (Mithridate et) ses Gaulois. Antiochus, aidé de troupes égyptiennes, bat les Gaulois près de Magnésie et fait sa paix avec eux.		sed Galli arbitrantes Seleucum in praelio cecidisse, in ipsum Antiochum arma vertere. Quod ubi sensit Antiochus, velut a praedonibus auro se redemit societatemque cum mercennariis suis jungit.	(Antiochus) vero Magnam Phrygiam peragrans ad tributa incolas coegit, ducesque exercitus adversus Seleukum misit : verum a suis satellitibus barbaris traditus est, ex quibus cum paucis se eripiens Magnesiam proficiscebatur, et sequenti die vicit :
233/2	Antiochus épouse la fille de Ziaélas.			et filiam Ziaelic uxorem ducebat.
231?	Guerre entre Attale et Antiochus.		Interea (Attalus) victorem Antiochum Gallosque adgreditur — et superat.	Attamen ol. CXXXVII, 4, in Lidiam bis adgressus debellatus est, et e regione Koloae cum Attalo praelium committebat.
229/8	Antiochus et les Gaulois battus à Pergame, puis en Lydie, notamment à Coloé.	utque Galli Pergamo victi		
228	Les Gaulois se vengent sur Ziaélas.	Ziaelum Bithynum occiderint	Victo Antiocho cum (Attalus) majorem partem Asiae occupasset, ne tunc quidem fratres — concordare potuerunt, sed amisso externo hoste bellum reparant. In eo Antiochus denuo victus multorum dierum fuga fatigatus tandem ad socerum suum Ariamenem regem Cappadociae pervehitur. — Igitur cum profugo nulla salus esset, ad Ptolemaeum hostem — decurrit. Sed Ptolemaeus adservari eum artissima custodia jubet.	
	Antiochus attaque Séleucus. Battu en Mésopotamie, rejeté en Arménie, réfugié en Cappadoce, il	et a Callinico fusus in Mesopotamia Antiochus insidiantem sibi effugerit Ariamenem		
	va se livrer à Ptolémée, qui le met en prison. Succès d'Antigone en Carie.	[Prol. XXVIII]		
228/7	Échappé des mains de Ptolémée, Antiochus cherche un asile dans ses possessions de Thrace, où il est tué par des Gaulois.	dein postea custodes Tryphonis: quo a Gallis occiso, Seleucus quoque frater ejus decessit.	Hinc Antiochus — deceptis custodibus elabitur, fugiensque a latronibus interficitur.	et ol. CXXXVIII, 1, in Thrakiam fugere [ab Attalo] coactus post praelium in Karia factum moritur.
227				
226	Mort de Séleucus II.		Seleucus quoque isdem ferme diebus amisso regno equo praecipitatus finitur.	Seleukus autem — obiit anno altero.

A. BOUCHÉ-LECLERCQ.

II

Niebuhr fut, nul ne le conteste, un merveilleux entraîneur d'esprits. Partout où il a passé, il a frayé, à travers le fatras des textes et le labyrinthe des sentiers battus, de larges voies aux perspectives lointaines où se sont engagées après lui des légions de disciples échauffés de son enthousiasme. « Celui qui rappelle à l'existence les choses disparues, » écrit-il dans la préface de son *Histoire Romaine*, « goûte la félicité qu'il y a à créer. » Il a joui peut-être à l'excès du plaisir de ressusciter, de créer, de repétrir à son gré la poussière du passé et de l'animer de son souffle[1]. Dans l'histoire romaine qu'il a revivifiée de cette façon, surtout dans l'étude des institutions, qu'il a voulu restaurer sur un plan systématique, on rencontre de tous côtés des hypothèses revêtues par lui d'une telle apparence de réalité et tellement solidaires les unes des autres qu'elles barrent, pour ainsi dire, l'accès des sources. Un texte nouveau ne manquait jamais de lui suggérer l'idée que celui-là allait infirmer tous les autres et rendre à la critique toute liberté pour reconstruire après avoir démoli[2]. Il était, pour ainsi dire, inévitable que Niebuhr, au lieu de chercher à concilier la tradition de Justin avec celle d'Eusèbe, se servît d'Eusèbe pour récuser Justin. Ce n'est pas qu'il estimât le chronographe plus judicieux que l'historien, ou la notice fournie par lui mieux

---

1. C'est une pensée commune à Niebuhr, Michelet, Droysen, que « l'histoire est une résurrection ». Pour être plus souvent cité que compris, ce mot tend à devenir un truisme banal, par usure de sa frappe originelle. Il signifie que, retombé à l'état de pur néant, le passé n'a de réalité que dans le moi vivant et actuel de ceux qui le repensent. Le rôle de l'histoire est de faire du « passé » un « présent », une réalité subjective. L'esprit qui ressuscite ainsi le passé a sur lui, pour ainsi dire, le droit du créateur sur sa créature : il n'a d'autre devoir que d'être sincère avec lui-même, assuré de produire en tout cas une réalité qui ne peut être fausse en soi, puisqu'elle est réelle, mais peut être simplement différente de la réalité pensée par d'autres (Cf. Droysen, *Grundriss der Historik*, ci-après, p. 25, 1 et 61). Cette théorie à la Fichte n'est pas rassurante pour les partisans de l'histoire « objective », qui est, du reste, une chimère.

2. C'est ainsi que le *De Republica* de Cicéron, publié en 1822 par A. Mai, fournit à Niebuhr l'occasion d'identifier la *lex curiata de imperio* avec l'*auctoritas Patrum*, une erreur qui, vingt fois réfutée, a toujours des partisans. C'est l'« enseignement le plus important » qu'il tire des fragments retrouvés (*Röm. Gesch.*, I, p. 352).

ordonnée que le récit de l'autre. Au contraire. Il avait une préférence marquée pour les compilateurs sans idées, surtout pour ceux dont les contradictions garantissent du même coup l'ignorance et la bonne foi. Ceux-là sont les gardiens inconscients de faits, de traditions authentiques, qu'ils ont entassés pêle-mêle, mais sans les altérer, et que la critique se charge de remettre à leur véritable place. En revanche, Niebuhr se montrait défiant et presque hostile à l'égard des auteurs qui ont cherché à faire œuvre cohérente et systématique. En dépit des formules polies dont il use, il ne cache pas trop, dans la préface de son *Histoire Romaine,* qu'il regrette médiocrement la perte des trois quarts de l'œuvre de Tite-Live. Denys d'Halicarnasse ne lui est si précieux que parce qu'il peut l'opposer à Tite-Live et s'affranchir ainsi de la tutelle de l'un et de l'autre. C'est dire le cas qu'il pouvait faire de Justin, abréviateur d'un ouvrage de seconde ou troisième main, arrangeur de matériaux déjà taillés et retaillés par d'autres. Dans le texte d'Eusèbe, au contraire, Niebuhr se flattait de retrouver des matériaux à l'état brut et, par conséquent, d'une valeur incomparable. Le plaisir d'être le premier à les mettre en œuvre l'empêchait sans doute de songer que les auteurs de tables chronologiques ne travaillent en général que sur des résumés, des précis; qu'ils se copient et se recopient entre eux, et qu'il y a bien quelque naïveté à leur demander des documents de première main. Ce qu'on peut raisonnablement soutenir, c'est que les chronographes donnent le fond le plus banal, mais aussi le plus éprouvé et le plus résistant, de la tradition.

Voyons donc Niebuhr à l'œuvre, avec l'idée préconçue que nous lui connaissons [1].

Le premier acte du règne dramatique de Séleucus II, à savoir la conquête de la majeure partie de l'empire séleucide par Ptolémée III, est un fait acquis. Comme ni la Lydie, ni la Grande-Phrygie ne sont nommées dans l'inscription d'Adulis (*C. I. Gr.*, III, 5127) parmi les pays soumis par Ptolémée III, Niebuhr suppose avec beaucoup de vraisemblance que ces provinces ont échappé à l'invasion égyptienne et que Séleucus II y trouva provisoirement un refuge.

---

[1]. Voir, pour la synthèse des éléments du débat, le tableau I placé en tête du mémoire, p. 10-11.

Ptolémée, pressé de rentrer en Égypte, ne put ou ne voulut pas garder toutes ses conquêtes. Qu'en fit-il? Nous l'apprenons de saint Jérôme, dans son commentaire sur le prophète Daniel. « Ptolémée, dit-il, donna la Cilicie à gouverner à son ami Antiochus, et à son autre général Xanthippos les provinces au delà de l'Euphrate[1] ». De ce texte, interprété sans violence ou enregistré sans discussion (comme le faisaient les prédécesseurs de Niebuhr), on peut conclure que Ptolémée, obligé d'aviser au plus vite, fit de sa conquête trois parts : la Syrie, qu'il se proposait d'annexer définitivement à l'Égypte, et deux grands commandements militaires qu'il confia, en attendant mieux, à deux de ses généraux. Quel était ce Xanthippos, dont on n'entend plus parler par la suite, Niebuhr consent à l'ignorer; mais il découvre que l'ami de Ptolémée, Antiochus, est le propre frère de Séleucus, Antiochus Hiérax. L'idée de fondre deux Antiochus en un seul est par elle-même assez simple, et il est probable qu'elle était venue à d'autres; mais ces autres avaient reculé devant des objections dont Niebuhr n'a nul souci.

La première objection, c'est que, pour peu que l'on en croie Justin, Antiochus Hiérax devait être encore un enfant. Justin, qui fait commencer sa rébellion plus tard, ne lui donne que quatorze ans au moment où s'élève le conflit entre les deux frères. A défaut de Justin, que Niebuhr accable de son dédain, le texte même de saint Jérôme oppose quelque résistance. Comment le jeune Séleucide, même pourvu de quelques années de plus, serait-il l'ami et le général de Ptolémée? Niebuhr laisse de côté la qualification de « général », qui n'est, en effet, donnée qu'indirectement à Antiochus par le tour de phrase *alteri duci Xanthippo*, et il déclare impropre celle d'« ami ». C'est, à l'entendre, une façon de parler; Ptolémée a traité en ami le jeune prince, à qui il donne non seulement la Cilicie, mais (ce que ne savait pas ou n'a pas su dire saint Jérôme) la royauté ou vice-royauté de l'Asie Mineure. Pourtant, comment se fait-il, si Antiochus Hiérax est ainsi devenu l'allié, le protégé, l'instrument de l'ennemi de son frère et de sa dynastie, comment se fait-il que Justin, le moraliste

---

[1]. *Ciliciam autem amico suo Antiocho gubernandam tradidit et Xanthippo altero duci provincias trans Euphratem* (Hieronym., *In Daniel.*, XI, 2).

Justin, ait oublié d'ajouter ce premier crime aux autres méfaits du prétendant, pour justifier encore mieux le châtiment final réservé à celui-ci ? Non seulement Justin ne dit nulle part qu'Antiochus Hiérax eût jamais été l'ami de Ptolémée ; mais, vers la fin de son récit, il nous montre Antiochus aimant mieux se rendre à Ptolémée, un ennemi *(ad Ptolemaeum hostem)*, qu'à son propre frère. Et il insiste en disant que Ptolémée ne se montra pas plus l'ami du vaincu qu'il ne l'avait été de l'ennemi *(non amicior devicto quam hosti factus)*. Évidemment, s'il avait su ce que Niebuhr nous apprend, il n'eût pas manqué d'enfler la voix pour nous faire remarquer que les traîtres, quand ils ont cessé d'être utiles, sont toujours traités en ennemis, même par leurs amis de la veille. A ces raisons, qui auraient dû faire hésiter et même reculer Niebuhr, celui-ci en oppose deux qui le décident. La première, c'est que, à moins de tout bouleverser dans la notice d'Eusèbe, il faut bien placer au début du règne la sécession d'Antiochus. Ce scrupule paraît étrange, quand on songe que la dite notice commence par les mots « du vivant encore de Callinicus », et que Niebuhr s'engage, par respect pour Eusèbe, à tout bouleverser dans Justin. La seconde raison est tirée de Justin lui-même, et Niebuhr la juge péremptoire. Puisque, plus tard, suivant Justin, Séleucus invite son frère à faire alliance avec lui contre Ptolémée, c'est donc qu'Antiochus avait alors un domaine propre et des forces à sa disposition. Or, non seulement cet argument ne suffit pas à prouver qu'Antiochus ait été intronisé par Ptolémée, mais il est aisé de le retourner et de dire : comment Séleucus espère-t-il gagner Antiochus en lui « offrant » l'Asie cis-Taurique, si celui-ci l'avait déjà reçue de Ptolémée ?

En fin de compte, la conjecture de Niebuhr s'appuie uniquement sur la similitude de nom entre l'ami de Ptolémée et le jeune Séleucide. Il est pourtant aisé de concevoir qu'il y eût alors de par le monde plus d'un Antiochus, et qu'un personnage de ce nom ait pu être honoré par Ptolémée du titre d'ami (φίλος), qui était une décoration officielle, prévue par l'étiquette de toutes les cours hellénistiques. Niebuhr fait ici exactement ce qu'a fait Justin à propos d'un événement antérieur et d'autres homonymes. Diodore mentionne à plusieurs reprises un certain Arrhidée, qui figure parmi les satrapes pourvus de commandements après la mort d'Alexandre, et qui fut chargé notamment de conduire la dépouille mortelle du conquérant à l'oasis d'Ammon. C'était un homonyme du roi Arrhidée, qui était alors le chef nominal de l'empire. Justin confond étourdiment l'un avec l'autre, et écrit : « Le roi Arrhidée reçoit l'ordre de conduire le corps d'Alexandre au temple d'Ammon » (Justin, XIII, 4, 6). Il est à craindre que Niebuhr n'ait commis, par excès de confiance en sa propre sagacité, une méprise du même genre. Peut-être même la cause première de l'erreur est-elle identique dans les deux cas, c'est-à-dire une homonymie entachée d'inexactitude. Il est probable que le véritable nom du satrape Arrhidée était Arrhabæos; de même, saint Jérôme, ou quelque copiste de saint Jérôme, a pu écrire *Antiochus* un nom à peu près semblable, comme Axiochus ou Métiochus[1]. Néanmoins la solution improvisée par Niebuhr a rencontré depuis — à une exception près — l'assentiment de tous ceux qui ont repris l'examen du problème, et c'est une raison de plus de l'appeler malencontreuse, car elle complique inutilement ce qu'elle prétend éclaircir, et elle pèse sur le jugement des érudits avec une autorité qui s'accroît par ces adhésions successives.

Ainsi, dans le système de Niebuhr, la politique habile du Lagide crée un motif évident de discorde entre les deux Séleucides dès la fin de sa grande expédition, de façon à paralyser un retour offensif de Séleucus. Ce retour offensif se produisit pourtant, tel que le résume Justin, d'abord contre les villes grecques du littoral, puis, avec l'appui de ces mêmes villes, contre la Syrie. Ici Niebuhr intercale la phrase dévoyée d'Eusèbe, qui relate, à la date de 242/1 avant notre ère, le siège de Damas et le débloquement d'Orthosia, sur la côte de Phénicie; après quoi, il reprend le début même de la notice du chronographe, où il est dit qu'Antiochus Hiérax, grâce à la connivence de son oncle maternel Alexandre, s'empare de Sardes. Pris entre deux ennemis, que pouvait faire Séleucus ? Se résigner à reconnaître son frère pour souverain de l'Asie Mineure, et obtenir

---

1. Cet « ami » d'Évergète est sans doute le stratège qui intervient dans le différend entre Samos et Priène : Ἀν[τίοχον τὸν ὑπὸ βασιλέως τεταγμένον (*C. I. Gr.* 2905, l. 156); — conjecture plausible de Lenschau (*Leipziger Studien*, XII [1890], p. 204-205).

à ce prix qu'il l'aidât à lutter contre l'Égypte. Eusèbe n'en dit rien : mais c'est le cas de revenir à Justin. Nous apprenons par lui que la paix se fit, pour dix ans tout au moins, entre Séleucus et Ptolémée, à une date que Niebuhr croit pouvoir placer vers 241/0 avant J.-C.

Niebuhr suppose, si je comprends bien sa pensée, que, en signant cette trêve, Ptolémée se désintéressait de la Haute Asie et laissait Séleucus libre de la reconquérir à ses risques et périls. Aussi, sans perdre de temps, Séleucus part de Babylone avec une armée et s'enfonce dans l'Extrême-Orient. Cette expédition est totalement ignorée de nos trois résumés; mais Agatharchide, cité par Josèphe (*C. Apion.*, I, 22), raconte que Séleucus venait de partir de Babylone avec une armée lorsque sa tante Stratonice, évadée de la cour de Macédoine et réfugiée à Antioche, provoqua des troubles dans la capitale syrienne, se vengeant ainsi de ce que son neveu n'avait pas voulu l'épouser et déclarer la guerre au mari infidèle qu'elle avait quitté, Démétrius de Macédoine. De plus, Justin, qui garde le silence sur ces faits au chapitre XXVII, parle au chapitre suivant (XXVIII, 1) des intrigues de Stratonice, qui excita son frère Antiochus à attaquer la Macédoine, et, beaucoup plus loin (XLI, 4-5), à propos des Parthes, il raconte que le roi Arsace, sur le bruit que Séleucus avait été battu par les Gaulois, avait envahi une province orientale de l'empire Séleucide et battu ensuite Séleucus lui-même, lequel, « rappelé en Asie par de nouveaux troubles, n'avait pu réparer sa défaite ».

Ce sont là des renseignements précieux, quoique très incohérents, et qui contiennent des indications propres à fixer la chronologie. On est d'autant plus étonné de voir avec quelle précipitation Niebuhr accommode la sienne. S'il lui était resté une ombre de considération pour Justin, il eût été obligé de retarder l'expédition d'Orient jusqu'après une défaite de Séleucus par les Gaulois. Mais quoi ? Justin achève de se discréditer par une de ces grossières méprises dont il a l'habitude: il adresse Stratonice non plus à son neveu Séleucus, mais à son frère Antiochus, père et prédécesseur de Séleucus[1]. Niebuhr laisse donc de côté les indi-

---

1. *Prior uxor, velut matrimonio pulsa, sponte sua ad fratrem Antiochum discedit eumque in mariti bellum impellit* (Justin., XXVIII, 1, 4).

cations dispersées de Justin. En un tour de main, il tire d'Agatharchide la conclusion que, la rupture entre Stratonice et Démétrius de Macédoine ayant été provoquée par le mariage de ce dernier avec la princesse épirote Phthia, en 240, cette date précède de très peu l'expédition de Séleucus au delà de l'Euphrate, laquelle suit immédiatement la paix de dix ans conclue avec Ptolémée. Il entasse ainsi dans un laps de trois ou quatre années, de 243 à 239 avant J-C., une série d'événements qui se succèdent avec une rapidité vertigineuse. Le critique perd la notion non seulement du vraisemblable, mais du possible.

Entre Séleucus revenu d'Orient et l'insatiable Antiochus Hiérax éclate enfin la guerre qui couvait depuis longtemps. Ici nos trois sources sont presque d'accord, et il est possible de les combiner sans les défigurer. Mais Niebuhr ne se plaît guère aux transactions laborieuses. Le document nouveau prend à ses yeux une supériorité telle qu'il lui sacrifierait volontiers tout le reste. Du moins, il se refuse à essayer de résoudre les divergences ou contradictions posées par Trogue-Pompée et Justin. Il se contente de suivre Eusèbe, non sans trahir sa lassitude par une distraction singulière. A propos de la bataille de Coloé, gagnée par Attale sur Antiochus, au dire d'Eusèbe, il avoue avoir vainement cherché un nom semblable ou analogue « dans la géographie ancienne » (p. 284, n. 77). Il oublie qu'à quelques kilomètres de Sardes se trouve le lac de Coloé, décrit par Strabon, et que c'est bien un lieu où ont pu se rencontrer les armées d'Attale et d'Antiochus. En tout cas, il estime (p. 286) que les fameuses victoires qui posèrent le roi de Pergame en sauveur de la race hellénique se réduisent à des succès remportés sur les mercenaires gaulois d'Antiochus [1].

---

1. Niebuhr récuse ici Polybe et Tite-Live. Polybe dit d'Attale : νικήσας γὰρ μάχῃ Γαλάτας, ὃ βαρύτατον καὶ μαχιμώτατον ἔθνος ἦν τότε κατὰ τὴν Ἀσίαν, ταύτην ἀρχὴν ἐποιήσατο καὶ τότε πρῶτον αὐτὸν ἔδειξε βασιλέα (XVIII, 41), et il ne parle aucunement d'Antiochus. Tite-Live ajoute, probablement d'après Polybe, le motif du conflit : c'est que tout le monde, même les Séleucides, payant tribut (stipendium) aux Gaulois, primus Asiae incolentium abnuit Attalus, pater regis Eumenis (XXXVIII, 16). Cf. Strabon, XIII, p. 624; Pausanias, I, 8, 2.

III

Si rapide que fût le crayon tracé par Niebuhr, il s'imposa comme un « gain historique » définitif, ou peu s'en faut, à l'attention de Droysen, lorsque, de 1833 à 1836, le jeune et précoce historien d'Alexandre aborda l'histoire des « Successeurs d'Alexandre ». Esprit ferme, d'une trempe un peu dure, Droysen n'était pas de ceux qui jurent sur la parole d'un maître. Mais il subit volontiers deux influences, alors dominantes, qui s'ajoutaient l'une à l'autre pour le pousser dans le même sens. Si Niebuhr se reconnaissait le droit de revivifier les textes en leur infusant sa propre pensée, Hegel invitait ses disciples — et Droysen compte parmi les plus fidèles[1] — à discerner dans l'histoire les oscillations alternantes qui caractérisent la marche rythmique de l'Idée et qui ont échappé en leur temps à la courte vue des contemporains, acteurs ou témoins inconscients du grand drame panthéistique. La conclusion à tirer des exemples de Niebuhr comme des doctrines de Hegel, c'est que l'historien peut et doit concevoir la légitime ambition de se servir des textes pour restituer l'enchaînement à la fois réel et logique des faits, enchaînement que les auteurs mêmes de ces témoignages n'ont peut-être jamais compris. Pour Droysen comme pour Niebuhr, les débris de tradition les plus morcelés, les plus incohérents, sont encore préférables aux arrangements suspects qui représentent non plus simplement les faits, mais la façon dont les a conçus, liés, motivés un auteur peut-être mal informé, dépourvu à coup sûr des lumières de la critique et de la philosophie modernes.

Ainsi, pour rentrer aussitôt dans notre sujet, à propos du règne de Séleucus II, Droysen déplore à maintes reprises l'insuffisance des sources, mais il regrette plus encore d'avoir affaire à des résumés déjà coordonnés. « Il arrive, » dit-il

---

1. Droysen s'est occupé de la publication des cours de Hegel après la mort du maître. Voir, du reste, la préface de notre traduction de l'*Histoire de l'Hellénisme*, où est apprécié le curieux opuscule *Grundriss der Historik* (3ᵉ édit., 1882), traduit depuis par F. Dormoy, *Précis de la science de l'Histoire* (Paris, 1887).

(III, p. 444, trad. fr.[1]), « que les renseignements presque toujours sommaires et souvent fortuits dont nous disposons présentent le peu qu'ils donnent tout arrangé, et même d'une façon pragmatique et raisonnée, comme si les faits se suivaient sans discontinuité : c'est une difficulté de plus pour la critique historique, à moins qu'elle ne partage la robuste confiance de ceux qui s'imaginent avoir dans ces textes juxtaposés l'histoire, toute l'histoire de cette époque. »

C'est un refus d'obéissance signifié à la fois à Trogue-Pompée, à Justin, à Eusèbe. Il nous reste à voir si Droysen, après avoir ainsi donné congé à ses guides anciens, a tiré bon parti de cette audacieuse méthode, exagérée par lui, qui consiste à pulvériser les textes pour les mélanger à l'état de poussière et doser à son gré le mélange. Ce qu'il entend nous donner, ce n'est plus seulement, comme Niebuhr, une collecte de renseignements glanés en courant dans l'Eusèbe arménien, mais bien une histoire suivie, où il se propose, comme il le dit (III, p. 445), d' « épuiser toutes ses ressources ». La méthode est soumise à une épreuve plus complète. Avec quelques matériaux de plus, les difficultés s'accroissent : là où Niebuhr glissait d'un pied léger, Droysen s'embourbe et demeure[2].

Droysen accepte tout d'abord la découverte de Niebuhr, l'identification du général *égyptien* Antiochus avec Antiochus Hiérax, devenu, par la grâce de Ptolémée, roi, ou vice-roi, ou stratège autonome de Cilicie et autres lieux. Il se flatte même d'avoir trouvé un moyen d'écarter l'objection tirée de l'âge encore tendre du jeune Séleucide. C'est la reine Laodice qui, odieuse à son fils aîné pour avoir empoisonné Antiochus II, se serait retournée du côté du cadet et aurait négocié pour lui avec Ptolémée. Cette hypothèse est plus invraisemblable encore que celle qu'elle prétend confirmer. Sans doute, la politique fait parfois bon marché du sentiment ; mais il ne faut pas oublier que Ptolémée avait

---

[1]. On me permettra de faire observer que, si je cite Droysen uniquement d'après la traduction française, c'est parce que le texte sur lequel elle a été faite a été corrigé et mis au courant par l'auteur. C'est ainsi que Droysen a pu tenir compte, dans notre troisième volume, paru en 1885, des inscriptions de Pergame, découvertes après la publication de la deuxième édition allemande (1878). Le texte portant les corrections et additions de la main de Droysen a été déposé à la Bibliothèque de l'Université (Sorbonne), au fonds des manuscrits.

[2]. Voir le tableau II placé en tête du mémoire (p. 12-13).

pris les armes pour venger le meurtre de sa sœur Bérénice et que, dans le récit même de Droysen, l'initiative de ce crime revient tout entière à Laodice. C'est Laodice qui, répudiée, se venge successivement sur son infidèle époux et sur sa rivale. Est-il vraisemblable que cette Furie ait trouvé bon accueil auprès de Ptolémée, et que celui-ci, en vue d'un intérêt immédiat, mais aléatoire pourtant, ait consenti à échanger son rôle de vengeur d'une juste cause contre celui de complice dans une intrigue inavouable? Il faudrait, pour nous décider à l'admettre, d'autres raisons que deux hypothèses cousues ensemble.

Cette étape une fois franchie, sans le secours d'aucune de nos trois sources, Droysen aligne dans la perspective deux jalons qui indiquent la route à suivre : un marbre d'Arundell, contenant le texte épigraphique d'un traité passé entre Smyrne et Magnésie, alliées de Séleucus, au moment où le roi « passait de nouveau en Séleucide »[1], et un texte du *Chronicon Paschale*, mentionnant à la date de 242/1 avant J.-C. la fondation par Séleucus de Callinicopolis ou Callinicon sur l'Euphrate. Qu'est-ce que la Séleucide, et dans quel sens s'opèrent ces mouvements de Séleucus? Strabon entend par Séleucide la tétrapole syrienne, composée des villes de Séleucie sur l'Oronte, Antioche, Laodicée sur Mer et Apamée. Mais Ptolémée restreint le nom de Σελευκίς à un petit district ayant Séleucie pour centre; et, chose plus grave, Appien connaît une « Cappadoce appelée Séleucide » (Καππαδοχίας τῆς Σελευκίδος λεγομένης. *Syriac.*, 55), incorporée à l'empire de Séleucus Nicator. On voit par là que le mot Σελευκίς est resté un adjectif, qui s'ajoute à une autre dénomination sous-entendue, et qui n'a de domaine autonome nulle part, pas même à Séleucie sur l'Oronte, car celle-ci s'appelle sur ses monnaies « Séleucie en Piérie (ἐν Πιερίᾳ) ». Il

---

1. Ἐπειδὴ πρότερόν τε καθ' ὃν καιρὸν ὁ βασιλεὺς Σελεύκος ὑπερέβαλεν εἰς τὴν Σελευκίδα πολλῶν καὶ μεγάλων κινδύνων περιστάντων τὴν πόλιν ἡμῶν καὶ τὴν χώραν διεφύλαξεν ὁ δῆμος τὴν πρὸς αὐτὸν εὔνοιάν τε καὶ φιλίαν, en conséquence, le roi Séleucos a reconnu l'autonomie de Smyrne et l'ἀσυλία du sanctuaire d'Aphrodite Stratonicis. Νῦν δὲ ὑπερβεβληκότος τοῦ βασιλέως εἰς τὴν Σελευκίδα οἱ στρατηγοὶ σπεύδοντες διαμένειν τῷ βασιλεῖ τὰ πράγματα συμφερόντως διεπέμψαντο πρὸς τοὺς ἐν Μαγνησίᾳ κατοίκους κ. τ. λ. Suivent deux traités avec les colons des deux Magnésies (*C. I. Gr.*, 3137 = Dittenb., 171). Le décret rendu à Delphes à la requête de Séleucus II et déclarant Smyrne ἱερὰ καὶ ἄσυλος, ainsi que son sanctuaire, a été retrouvé à Delphes (Couve, *BCH.*, XVIII, 1894, p. 226).

se pourrait donc que Σελευκίς, en des temps différents, ait servi à désigner tantôt une partie de la Cappadoce et tantôt la Haute Syrie. Il se pourrait aussi — ce qui expliquerait assez bien ces caprices de l'usage — que l'on ait d'abord qualifié de Séleucide toute la région comprise entre l'Euphrate, l'Amanus et le Taurus. En tout cas, Droysen était obligé de prendre parti pour une solution quelconque. Il a pris le plus mauvais, qui est de laisser son lecteur dans l'embarras et de s'exprimer de façon si vague que, à quelques lignes d'intervalle (III, p. 378), on croit avoir affaire ici à la Séleucide cappadocienne, là à la Séleucide syrienne, — mentionnée à côté de la Cyrrhestique, de la Chalcidique, de la Piérie, — c'est-à-dire, si j'entends bien Droysen et si Droysen s'entend bien lui-même, bornée au terroir d'Antioche.

C'est à travers cette Séleucide vague et flottante, deux fois attaquée et enfin ressaisie par lui, que Séleucus, parti d'Asie Mineure, arrive sur les bords de l'Euphrate où il fonde, en mémoire de ses premiers succès, la ville de Callinicon (242/1 a. Chr.). Pour justifier ce nom sonore, Droysen, comme Niebuhr, juge inutile de supposer que Séleucus ait remporté, là ou ailleurs, de « belles victoires ». Un roi restauré par un soulèvement populaire peut bien considérer son retour comme une marche triomphale et planter un pareil trophée à la dernière étape. C'est une conjecture encore ; mais une conjecture, après tout, préférable à d'autres que nous rencontrerons en exposant d'autres systèmes.

Passé la date de 242/1 a. Chr., Droysen suit le branle vertigineux imprimé par Niebuhr à l'histoire des deux ou trois années qui suivent. Il en retranche, il est vrai, l'expédition de Séleucus dans la Haute Asie ; mais il presse d'autant les péripéties de la guerre entre les deux Séleucides. Il fait entrer dans le laps de temps indiqué non seulement les mouvements des deux flottes dont parle Justin, mais encore les deux batailles gagnées par Séleucus en Lydie, au dire d'Eusèbe, et enfin la grande défaite éprouvée par Séleucus à Ancyre, défaite suivie d'un retour offensif du même Séleucus sur Orthosia, d'une nouvelle défaite de Séleucus, d'un accommodement entre les deux frères et d'une trêve de dix ans entre Séleucus et Ptolémée, à la date approximative de 239 avant J.-C. Niebuhr lui-même y avait mis plus de discrétion, car il plaçait vers

237, après l'expédition en Orient, la bataille d'Ancyre, que Droysen avance jusqu'en 241.

On dirait que l'historien s'entraîne, lui aussi, à la lutte, une lutte contre les textes qu'il brise et découpe sans merci, s'interrompant de temps à autre pour protester contre l'ineptie et le fatras de Justin. De vingt lignes de Justin, il a déjà fait six morceaux, intervertis et mélangés avec trois lambeaux arrachés au texte d'Eusèbe. Les démentis pleuvent sur l'infortuné Justin : la flotte qui a fait naufrage était destinée à opérer non pas contre les villes grecques, mais contre Antiochus; la seconde flotte, contre Ptolémée sans doute, mais aussi contre Antiochus, lequel — ainsi l'exige l'hypothèse initiale de Niebuhr — est l'allié de Ptolémée. Droysen imagine aussi un accommodement provisoire entre les deux frères, accommodement dont il a besoin pour laisser Séleucus libre de se tourner du côté de l'Orient.

Donc, après un an ou plus de préparatifs, Séleucus, vers 238, part pour l'Extrême-Orient. Il y passe environ deux ans, arrangement plus vraisemblable, cette fois, que la course rapide supposée par Niebuhr. Cependant, Stratonice conspirait contre lui à Antioche, de concert avec son autre neveu, Antiochus Hiérax, qui faisait provision d'hommes et d'argent en attirant les Galates en Phrygie et rançonnant tout le pays. Mais voici que Séleucus revient à temps pour couper court aux intrigues de Stratonice, à temps aussi pour susciter contre Antiochus un nouvel adversaire, Attale, le dynaste de Pergame. Antiochus, avec ses bandes gauloises, est battu à Pergame par Attale, en 236.

Cette alliance entre Séleucus et Attale est toute de l'invention de Droysen. Il en convient lui-même très loyalement. « Nos maigres références, écrit-il, ne nous disent pas qu'un pareil traité ait été conclu, ni à plus forte raison, à quelles conditions il a été conclu » (III, p. 442). Les conditions probables auraient pourtant dû faire réfléchir Droysen. L'ambitieux dynaste de Pergame ne songeait qu'à s'agrandir et ne pouvait guère le faire qu'aux dépens des Séleucides. C'est au moins une question à discuter que de savoir si Séleucus était d'humeur à favoriser ainsi les empiètements de l'ennemi héréditaire de sa dynastie. Pourquoi donc l'hypothèse gratuite d'une entente négociée entre Séleucus et Attale? Pour expliquer l'intervention d'Attale, qui, sans cela, n'eût pas songé à détourner sur lui des coups destinés à Séleucus. Et qui prouve qu'Antiochus, qui venait de signer la paix avec son frère, s'apprêtât dès lors à attaquer Séleucus? La coïncidence des troubles provoqués à Antioche par Stratonice.

Stratonice, à elle seule, sans prétendant à faire valoir, n'eût pas réussi à fomenter une sédition. Rebutée par Séleucus, elle reportait maintenant ses espérances sur Antiochus, qu'elle poussait et aidait à renverser son frère. Et la preuve de cette entente? Un texte de Justin où Droysen découvre, à travers une nouvelle méprise de l'inepte abréviateur, une réminiscence de ce qu'avait probablement écrit Trogue-Pompée et de ce que Niebuhr lui-même avait renoncé à deviner. A propos des affaires d'Épire, Justin raconte que Démétrius de Macédoine ayant épousé Phthia, fille de Pyrrhus, sa première femme Stratonice « se réfugia auprès de *son frère Antiochus* et le poussa à faire la guerre à son mari »[1]. Si cet Antiochus ne pouvait être le *frère* de Stratonice, puisque Antiochus II était mort à l'époque, il fallait donc que ce fût son *neveu* Antiochus Hiérax. Au lieu de corriger deux fautes dans Justin, pour le mettre d'accord avec Agatharchide, qui raconte la même chose de Stratonice et de Séleucus, Droysen, devenu discret tout à coup, juge qu'il vaut mieux n'en effacer qu'une et lire, au lieu de « Antiochus son frère », « Antiochus [fils de] son frère ». De cette façon, Agatharchide et Justin se complètent : Stratonice renouvelle auprès d'Antiochus Hiérax la tentative qui lui avait si mal réussi auprès de Séleucus, et elle se venge de Séleucus en attendant le moment de venger, en Macédoine, ses affronts d'épouse répudiée.

On est en présence de postulats suspendus les uns aux autres par un fil que peut trancher à tout moment la critique la plus indulgente.

Maintenant, de quel côté va se tourner Antiochus battu par Attale? C'est le moment d'utiliser Trogue-Pompée, qui mentionne une défaite d'Antiochus vaincu par Séleucus en Mésopotamie. Il est vrai que Trogue-Pompée place cette rencontre *après* la mort de Ziaélas, roi de Bithynie; que, par conséquent, un critique moins indépendant se croirait

---

[1] V. ci-dessus, p. 23, 1.

obligé de faire passer avant le conflit en Mésopotamie, peut-être même longtemps avant, les événements qui, dans le récit d'Eusèbe, précèdent le mariage d'Antiochus avec la fille de Ziaélas, ce mariage politique impliquant une alliance avec Ziaélas et n'ayant pu être contracté après la mort de ce dernier. Mais que vient-on parler d'ordre chronologique quelconque, soit dans Trogue-Pompée, soit même dans Eusèbe? Émancipé de tout scrupule, Droysen continue à régler seul la marche des pièces sur l'échiquier. Antiochus, battu « quelque part au Sud du Taurus » et cherchant à s'échapper par la Mésopotamie — Droysen ne veut même pas traduire *fusus in Mesopotamia* par « battu en Mésopotamie », — se rejette sur l'Arménie, de là gagne la Cappadoce, puis Magnésie, où Ptolémée lui prête assistance. Alors, c'est-à-dire vers 235, grâce aux bons offices de Ptolémée et à la lassitude de tous les belligérants, une paix générale se conclut; après quoi, Antiochus, resté en possession de la Lydie, épouse la fille de Ziaélas.

Nous n'avons rien à objecter au détour par l'Arménie. Polyen (IV, 17) raconte par quel stratagème Antiochus Hiérax, relancé jusqu'en Arménie par les généraux de Séleucus, Achæos et Andromachos, sut tourner en victoire une défaite nouvelle et reprit les insignes royaux. Son récit, orné de détails circonstanciés, n'inspire aucune défiance, et on ne trouverait guère de moment plus propice pour l'insérer dans la trame historique. Ceci accepté, on ne saurait refuser à Droysen le droit de souder au texte de Polyen la phrase où Justin raconte comment « Antiochus, de nouveau battu et fatigué par une fuite prolongée durant bien des jours, arrive enfin chez Ariamène, roi de Cappadoce, son beau-père *(socerum suum)* ». Ici, on découvre, non sans surprise, la raison pour laquelle Droysen a tenu à entasser ensemble tant de faits extraits de sources diverses et à placer le tout en bloc *avant* le mariage d'Antiochus avec la fille de Ziaélas. La raison, c'est que Justin, devenu tout d'un coup infaillible, appelle Ariamène le « beau-père » d'Antiochus. Donc Antiochus était, lors de sa fuite, le gendre d'Ariamène, et non pas encore celui de Ziaélas. Et c'est bien de propos délibéré que Droysen raisonne ainsi, car Niebuhr avait déjà signalé la difficulté et proposé de corriger Justin. Suivant Niebuhr, Ariamène était l'oncle par alliance d'Antiochus Hiérax, ayant épousé une tante de ce dernier. D'après les recherches récentes de M. Th. Reinach [1], le roi de Cappadoce (Ariaramne) avait marié son fils Ariarathe à une sœur d'Antiochus. De toute manière, Justin a pu confondre un lien de parenté avec un autre ou se contenter d'une définition approximative, et l'on a peine à s'expliquer que Droysen, si prompt d'ordinaire à l'accuser d'erreur, s'attache avec une telle obstination non pas seulement à un mot de Justin, mais au sens précis de ce mot.

De Cappadoce, on l'a vu, Antiochus Hiérax s'enfuit à Magnésie, où Ptolémée — entendons par là la garnison égyptienne de Magnésie, renforcée au besoin par celle d'Éphèse [2] — l'aide à faire tête à ses adversaires. Quels adversaires? Le texte d'Eusèbe, puisqu'il plaît à Droysen d'en intercaler ici un lambeau, ne permet guère de doutes là-dessus. Il y est dit qu'Antiochus, se voyant trahi par ses mercenaires, chercha un refuge du côté de Magnésie et que, dès le lendemain, grâce aux secours de Ptolémée, il fut vainqueur. Il paraît donc évident que c'est à ses mercenaires galates qu'Antiochus livre bataille, à ces mercenaires avec lesquels Justin dit aussi qu'il s'est brouillé après la bataille d'Ancyre. Mais Droysen, obstiné à n'utiliser les textes que fragmentés en menus morceaux, n'emprunte à Eusèbe qu'un bout de phrase et le traduit à sa façon. Il suppose que, depuis l'Arménie, Antiochus était toujours poursuivi par les troupes de Séleucus, et que l'entrée de celles-ci sur un territoire appartenant à l'Égypte, malgré la trêve conclue précédemment pour dix ans avec Ptolémée, fournit à la garnison de Magnésie un prétexte pour intervenir. Ainsi, quoi que puisse dire ou insinuer Eusèbe, ce sont les soldats de Séleucus qui sont battus à Magnésie. L'expression d'Eusèbe, « trahi par les barbares, » signifie « délaissé », ou même simplement « menacé d'abandon » par les mercenaires (III, p. 448) [3]. Pour avoir abusé de son indépendance, Droysen ne

---

1. Th. Reinach, *Trois royaumes de l'Asie Mineure, Cappadoce, Bithynie, Pont*. Paris, 1888, p. 14.
2. Droysen, ayant constaté (III, p. 311, 4) que Magnésie était libre en 244, la suppose reconquise dans l'intervalle par le Lagide (p. 385, 1). Seulement, il ne peut admettre que ce soit par Callicratidas de Cyrène, ayant fait emploi, entre 262 et 258, du fait rapporté sans date aucune par Polyen (II, 27).
3. « Cependant Séleucos donnait toujours la chasse au fugitif. Selon le chronographe que nous venons de citer, Antiochos, redoutant d'être abandonné par ses

peut plus faire un pas sans solliciter ou violenter les textes. Il lui arrive même — tant est grand son désarroi — de faire entrer ici une ligne de Justin qui tient d'une façon très cohérente au récit des dernières aventures d'Antiochus. Suivant Justin, Antiochus, échappé de Cappadoce et « se fiant plus à un ennemi qu'à son frère », cherche un asile auprès de Ptolémée, qui le jette en prison. Droysen prétend retenir de cette assertion qu'Antiochus fut, en 235, recueilli — et même aidé — par Ptolémée. Il se réserve de placer huit ans plus tard le reste de la phrase, et, grâce à ce procédé de désarticulation à outrance, Justin et Eusèbe sont à peu près d'accord.

A travers cet étonnant amalgame de textes mutilés, Droysen nous amène à une paix générale qui met fin à la guerre entre les deux Séleucides et transforme en accord définitif la trêve de dix ans précédemment conclue entre Séleucus et Ptolémée. On chercherait vainement dans les auteurs la trace de cet arrangement simultané entre les trois souverains. En ce qui concerne la paix avec l'Égypte, Droysen se contente de dire : « Ce fait, d'après les événements ultérieurs, est hors de doute, et il est extrêmement vraisemblable que la paix se fit au moment où nous sommes » (p. 448). Il ajoute, par distraction, en note : « Les négociations dont parle Polybe (V, 67) ont dû aboutir à la conclusion de cette paix », et il renvoie à un chapitre où il est question de pourparlers engagés seize ans plus tard entre Antiochus III et Ptolémée Philopator[1]. Ce n'est qu'une inadvertance, et qui ne tire pas à conséquence, car Droysen eût tout aussi bien affirmé sans ce qu'il a cru être un commencement de preuve.

La fin de l'existence d'Antiochus prend, sous la plume de Droysen, une tournure bien inattendue. D'après Eusèbe, à la date de 229/8, Antiochus attaque deux fois un adversaire qui le bat en Lydie, et il est défait par Attale, près de Coloé, au centre de la Lydie. Il semble assez naturel de penser que le conflit en question s'élève entre Antiochus et

---

Galates, s'enfuit à Magnésie, « auprès de son ennemi Ptolémée, » dit Justin, lequel avait mis garnison dans cette ville » (Droysen, *loc. cit.*). Sur le sens exact du texte d'Eusèbe, voy. ci-dessus, p. 8, 5.

[1]. Il y est fait mention des arrangements pris en 301, au sujet de la Cœlé-Syrie, entre Séleucus Ier Nicator et Ptolémée Ier, nullement de Séleucus II Callinicus.

A. BOUCHÉ-LECLERCQ.

Attale, qui veulent s'agrandir aux dépens l'un de l'autre. Mais, suivant sa coutume, Droysen disjoint les deux membres de la phrase d'Eusèbe. Autant qu'on en peut juger à travers l'obscurité de ses phrases hésitantes, les deux attaques qui ont amené le refoulement de l'agresseur en Lydie sont choses distinctes de la bataille de Coloé. Celle-ci est due à l'offensive d'Attale, tandis que les autres ont été dirigées par Antiochus contre Ptolémée, lequel, assailli d'un commun accord par l'ingrat Antiochus et par Antigone Doson, a dû s'entendre enfin avec Attale et lancer le roi de Pergame contre Antiochus. C'est tout un chapitre nouveau ajouté à l'histoire par Droysen et échafaudé sur les indices suivants. D'abord, Justin appelle Ptolémée l'ennemi *(hostis)* d'Antiochus, au moment où celui-ci tombe aux mains du Lagide; donc, il y avait guerre entre eux. Ensuite, Antiochus s'enfuit en Thrace, ce qui fait supposer qu'il voulait atteindre la Macédoine. Enfin, au dire d'Eusèbe, Antiochus mourut en Thrace après une bataille livrée en Carie. Ce mot Carie, échoué là et inexact à cette place, fait songer que, d'après le prologue XXVIII de Trogue-Pompée, Antigone enleva la Carie au Lagide. Donc, Antigone a dû faire la guerre à l'Égypte de concert avec Antiochus, comme le mouvement offensif d'Attale doit avoir été concerté avec Ptolémée.

On est comme étourdi par cette succession de conjectures « hardies » — c'est ainsi que Droysen lui-même les qualifie (p. 451) — accumulées en quelques pages. On sent que l'on marche à tâtons. Il n'est pas une des indications ainsi coordonnées qui ne puisse être interprétée autrement. Qu'il y ait eu deux ou trois batailles en Lydie, rien n'empêche de croire que le différend était circonscrit entre Antiochus et Attale. De même pour la bataille en Carie. Rien n'oblige à croire qu'elle ait été engagée contre Ptolémée et après la fuite d'Antiochus en Thrace, c'est-à-dire par un autre qu'Antiochus. C'est une étrange façon d'utiliser un texte que de s'attendre pour ainsi dire *a priori* à y trouver quelque grosse bévue et de l'interpréter en conséquence. Au lieu de lire dans Eusèbe : « Antiochus, forcé par Attale de fuir en Thrace, y meurt après un combat livré en Carie, » on peut tout aussi bien et mieux traduire : « Antiochus, forcé par Attale de fuir en Thrace après un combat livré en Carie, y meurt[1]. » La syntaxe le permet, et, si elle le défendait, ce serait le cas de se rappeler que, en fin de compte, nous n'avons devant nous que la traduction d'une traduction du texte d'Eusèbe. Il n'y a dès lors aucune invraisemblance à admettre qu'Attale, après avoir écrasé son adversaire à Coloé, l'ait poursuivi jusqu'en Carie, et cela sans entente préalable avec Ptolémée, attendu que le littoral seulement de la Carie, et encore pas tout entier, dépendait de l'Égypte.

La fuite d'Antiochus en Thrace surprend davantage. Justin, sans parler de la Thrace, dit qu'Antiochus se livra à Ptolémée. D'autre part, Polybe appelle Antiochus Hiérax « celui qui décéda en Thrace » (V, 74). Comme la Thrace, le littoral de la Thrace tout au moins, appartenait alors au Lagide, une critique conciliante tirerait de là la conclusion qu'Antiochus, à bout de ressources, eut l'idée de se réfugier en Thrace, une ancienne possession des Séleucides, peut-être avec l'espoir de pénétrer dans l'intérieur et d'y recruter de nouvelles bandes gauloises, mais que, désespérant de son entreprise, il prit le parti de se livrer aux Égyptiens. Que Ptolémée ait traité en ennemi cet incorrigible brouillon, on le comprend sans qu'il soit nécessaire de supposer qu'il y eût guerre ouverte entre Ptolémée et Antiochus. Seulement, Droysen est à bout de patience. Comme il a déjà fait entrer dans une autre combinaison le membre de phrase de Justin, il estime qu'Antiochus ne s'est pas livré, mais a été pris par les Égyptiens, et que, évadé de sa prison, il a été tué dans les Balkans par des bandits. Il rejette dans une note (III, p. 453, 1) divers détails dont il renonce à tirer parti, et passe au règne de Séleucus III.

Telles sont les grandes lignes du système de Droysen, si l'on peut appeler système une mosaïque aussi disparate. Il est regrettable qu'un esprit aussi sagace et aussi maître de toutes les ressources du sujet ait converti en défauts ses qualités mêmes, traitant les textes en pays conquis et affichant la prétention, insupportable à la longue, de lire entre

---

1. *Et anno primo* CXXXVIII *olompiadis in Thrakiam fugere ab Attalo coactus post praelium in Karia factum moritur*. Dans la version d'A. Mai : *Attalum in Thraciam usque fugiens post pugnam in Caria patratam vita excessit* Voir plus haut (p. 8, 9) les observations de M. A. Carrière, qui met la fuite d'Antiochus « à la suite de *la* bataille livrée en Carie ».

les lignes tout autre chose que ce que les auteurs ont voulu dire. Lui qui accuse Justin de « découper ses extraits à tort et à travers, et de coudre à ces bribes, détournées de leur sens, toute espèce d'aperçus » (III, p. 451, 2), peu s'en faut qu'il n'ait défini là, sans s'en douter, sa propre méthode.

IV

Tout excès, on ne saurait trop le répéter, appelle une réaction, qui peut être excessive à son tour. En ce qui concerne notre sujet, le progrès de la critique historique depuis Droysen a consisté à respecter davantage les textes et l'intégrité des textes, à renoncer au système de dissection et d'interversion à outrance. L'autorité de Droysen, légitime récompense de son rude labeur, a longtemps contenu et comme intimidé ce retour aux procédés plus discrets, plus modestes aussi, qui, depuis Niebuhr et Hégel, paraissaient quelque peu mesquins. Mais il se manifeste dès 1849, date de la publication du volume III des *Fragmenta Historicorum Graecorum* de Carl Müller et n'a fait que s'accentuer depuis.

C. Müller n'a pas prétendu refaire l'histoire du règne de Séleucus Callinicus, mais simplement annoter, d'après Niebuhr et Droysen, le texte de Porphyre retrouvé dans l'Eusèbe arménien[1]. Son ambition se borne à préciser la chronologie, en évitant de pratiquer sur les textes de Trogue-Pompée, de Justin et d'Eusèbe les interversions familières à ses devanciers. L'intention est excellente, et c'est tout ce que j'entends retenir de son exposé, où l'on trouve plus d'arithmétique que de critique. Au cours de ses retouches, C. Müller a même introduit dans le débat deux conjectures dont l'une est improbable, et l'autre invraisemblable. La première, qui dérive de l'obsédante hypothèse de Niebuhr, — l'identification d'Antiochus Hiérax avec le stratège égyptien de saint Jérôme, — consiste à faire de Callinicon un trophée de guerre civile, les « belles victoires » du Callinicus ayant été

---

1. *Fragmenta Historicorum Graecorum*, t. III, p. 708-710 (coll. Didot). C. Müller donne et suit la traduction d'A. Mai.

remportées sur son frère; la seconde est une idée qui ne pouvait venir qu'à l'éditeur des *Geographi Graeci minores*. C. Müller découvre que, dans la Thrace où se réfugie en dernier lieu Antiochus Hiérax, il y a un Καρῶν λιμήν situé sur la mer Noire, au-dessus d'Odessos. Le terroir de cette factorerie doit être la Carie dont parle Eusèbe, le lieu où Antiochus a fini par trouver la mort en se battant contre quelque bande gauloise. Pour être neuve, et même pour avoir été recueillie comme une hypothèse possible par Droysen dans les notes de sa seconde édition, la trouvaille de C. Müller ne me paraît pas plus acceptable. C'est un pis-aller, auquel on ne saurait recourir qu'à défaut de toute autre solution.

La comparaison des résultats obtenus par Niebuhr, Droysen et C. Müller n'était pas faite pour encourager les érudits. Les ressources du sujet paraissaient épuisées, et le champ des hypothèses fouillé dans tous les sens. Il fallait attendre que le hasard des découvertes épigraphiques ou numismatiques vînt ranimer l'espoir d'aboutir. Ce hasard, on espéra le rencontrer du côté des fouilles de Pergame. Nous possédons aujourd'hui le *Corpus* des inscriptions de Pergame, publié par MM. Fränkel, E. Fabricius et C. Schuchhardt. La première partie, parue en 1890, comprend les inscriptions antérieures à l'époque romaine, par conséquent, tous les textes utilisables pour notre sujet[1]. Voici, dans l'ordre adopté par les éditeurs, — qui n'est pas, à mon sens, tout à fait conforme à l'ordre chronologique, — les dédicaces contemporaines du règne d'Attale Ier, correspondant, pour sa première moitié, au règne de Séleucus II et d'Antiochus Hiérax :

N° 20. Βασιλεὺς Ἄτταλος νικήσας μάχ]ηι Τολιστ[οαγίους Γαλάτ]ας π[ερὶ πηγὰς] Καΐκ[ου ποταμοῦ, χα]ρι[στ]ή[ριον Ἀθ]η[νᾶι.

N° 21. Βασιλεὺς Ἄτταλος τῶν κατὰ πόλεμον ἀγώνων χαριστήρια Ἀθηνᾶι.

N° 22. Ἀπὸ τῆς ἐν Φρυ]γίαι τῆς ἐφ' Ἑλλ[η]σ[πόντωι πρὸς] Ἀντίοχον μάχης.

N° 23. Ἀπὸ τῆς παρὰ τὸ] Ἀφροδίσιον πρὸς Τολιστοαγίους [καὶ Τεκτοσάγ]ας Γαλάτας καὶ Ἀντίοχον μάχης (*C.I.Gr.*, 3536).

---

1. *Altertümer von Pergamon*, Bd VIII : *Die Inschriften von Pergamon, 1. Bis zum Ende der Königszeit, 2. Römische Zeit*. Berlin, 1890-1895.

N° 24. Ἀπὸ τῆς περὶ πηγ[ὰς] Καΐκου ποταμοῦ πρὸς Τ[ολιστοαγίους Γαλάτας μάχης.

N° 25. Ἀπὸ τῆς παρ[ὰ... πρὸς...] καὶ τοὺς Σελ[γεῖς καὶ Ἀντίοχον μάχης]. Restitution incertaine : on a proposé de lire Σελ[εύκου...

N°s 26-27. Débris très mutilés, où l'on reconnaît une bataille contre Lysias et les stratèges d'Antiochus (26), une bataille à Coloé contre Antiochus (27) et une autre en Carie (28).

N°s 29-30. Hommage au « roi Attale », par Ἐπιγέν[η]ς καὶ οἱ ἡγεμόνες καὶ στρατ[ιῶ]ται οἱ συναγωνισαμένοι τὰς πρὸς τοὺς Γ[αλ]άτας καὶ Ἀντίοχον μάχας χαριστ[τ]ήρια Διΐ, Ἀθηνᾶι.

N° 247. Enfin, dans un calendrier pergaménien, anniversaire fêté [Ἐπεὶ βασιλεὺς Ἄτ]ταλος τὴν δευ[τέραν ἐκεῖ μάχην ἐ]νίκησεν τοὺς [Τολιστοαγίους κα]ὶ [Ἀ]ντίοχον.

Les inscriptions n°s 35 et 36, de restitution très douteuse, où apparaît le nom de Séleucus, doivent se rapporter à des hostilités entre Attale et Séleucus II (fin du règne) ou — plus probablement — Séleucus III[1].

Le « gain historique », comme disait Niebuhr, à tirer de ces inscriptions se réduit à l'affirmation très nette de combats contre les Galates Tolistoages et Tectosages, constamment associés, sauf pour une bataille livrée aux sources du Caïcos, avec Antiochus, lequel apparaît seul une fois — en Phrygie — et, une autre fois, renforcé par les Selgiens (si toutefois il s'agit des Selgiens et si cet allié des Selgiens n'est pas Antiochus III)[2].

---

1. Sur les questions litigieuses, Gaulois seuls ou Gaulois mercenaires, Lysias, les Σελγεῖς, voy. la réplique de M. Fränkel, *Das grosse Siegesdenkmal Attalos des Ersten* (dans le *Philologus*, LIV, 1895, p. 1-10), qui maintient — contre Gaebler (ci-après, p. 61, 1) — le point de vue de Niebuhr.

2. Pour donner une idée de la diversité des opinions suggérées par l'exégèse des inscriptions de Pergame et de l'incertitude des restitutions, il suffit de dire qu'on a cherché en Carie (Urlichs), ou près de Thyatire (Thraemer), l'Ἀφροδίσιον près duquel s'est livrée la bataille relatée au n° 23, — en admettant comme certain que l'Ἀφροδίσιον de Pergame n'existait pas encore à l'époque, — et que la bataille du n° 24, avec restitution Πηγ[ασίαν λίμνην], est devenue une bataille d'Éphèse (Urlichs). L'inscription n° 24, pour les uns répétition du n° 20, est considérée par d'autres (Fränkel) comme mention d'une seconde bataille *ad Caïcum*, visée dans l'inscription n° 247. La restitution Σελγεῖς dans l'inscription n° 25, qui renvoie le document au règne d'Antiochus III, cédera probablement la place à la restitution Σελ[εύκου στρατηγούς?], allusion aux événements qui ont suivi immédiatement la mort de Séleucus II ou de Séleucus III. Même débat sur le Lysias de l'inscription n° 26. Enfin, ces textes ont ranimé le débat ouvert par Niebuhr sur la question de savoir si Attale a vaincu les Gaulois comme nation (opinion des anciens, cf. ci-dessus, p. 24, 1) ou seulement les mercenaires gaulois d'Antiochus Hiérax

Ce peu de lumière a suffi pourtant à ramener l'attention du côté de nos Séleucides et de leurs rapports avec Attale de Pergame.

M. U. Kœhler, étudiant *La fondation du royaume de Pergame*[1], reprend la question au point où l'avait laissée C. Müller. Il estime que C. Müller, en essayant de concilier Justin et Eusèbe, au lieu de les récuser tour à tour, est en progrès sur Niebuhr et Droysen, mais qu'il a subi encore trop docilement l'influence de ses devanciers. Il croit pouvoir échapper à la nécessité de bouleverser l'économie des textes, à la seule condition d'admettre un postulat assurément fort plausible, à savoir que Ptolémée, après avoir signé une trêve de dix ans avec Séleucus, a pu néanmoins faire acte d'hostilité contre celui-ci avant l'expiration de la trêve.

La promesse est alléchante : voyons comment elle a été tenue. M. Kœhler commence par accepter l'hypothèse initiale de Niebuhr, qui restera longtemps encore un dogme. C'est bien le jeune, très jeune Antiochus Hiérax que Ptolémée institue gouverneur de Cilicie et probablement roi d'Asie Mineure, semant ainsi le germe de la future guerre

(conjecture de Niebuhr). La mention d' « Antiochus et les Galates » parut tout d'abord confirmer les vues de Niebuhr, et Kœhler se hâta de reprendre cette thèse avec une assurance qui fit hésiter Droysen lui-même, partisan de l'opinion des anciens. La question a été traitée depuis par Kœpp (*Ueber die Galaterkriege der Attaliden*, dans le *Rhein. Mus.*, t. XL, 1885, p. 114-132) et amenée à une solution transactionnelle, tout à fait acceptable, à mon sens, qui n'a pas empêché Beloch (ci-après, p. 54) de se ranger du côté de Kœhler, et le débat de continuer. Il semble pourtant que les inscriptions de Pergame offrent une transaction toute faite et permettent de délimiter la part d'exagération qu'il y a dans les opinions extrêmes. On n'a pas assez remarqué, que je sache, le soin avec lequel les textes distinguent les tribus gauloises contre lesquelles Attale a lutté. Attale ne dit pas qu'il ait battu les Gaulois en masse (la « nation », comme le dit trop brièvement Polybe); il a vaincu les Tolistoages, dont il a arrêté l'invasion « aux sources du Caïcos ». Un peu d'adulation aidant, cette victoire, continuée pour ainsi dire par celles remportées sur les mercenaires gaulois d'Antiochus, devint un triomphe national. Ce n'est pas uniquement en bataillant contre un Séleucide qu'Attale aurait gagné le surnom de *Soter* (*Inscr. Perg.* 43-45). Attale laissa la légende se faire, et je suis persuadé qu'au fond il avait, pour être modeste, une raison dont ne parlent pas les inscriptions : c'est que, très probablement, il avait battu les Tolistoages avec l'aide de mercenaires gaulois, peut-être de cette tribu des Aegosages ou Rigosages qui l'aidèrent, quelques années plus tard, à battre Achæos (Polyb. V, 58-77). Il y avait alors des mercenaires gaulois dans toutes les armées. Cela, on le savait assez, et Attale ne s'est pas cru obligé de le dire.

[1]. U. Köhler, *Die Gründung des Königreichs Pergamon*, ap. *Histor. Zeitschrift*, XLVII, 1882, p. 1-14.

civile. Cette guerre n'éclate qu'après la trêve conclue pour dix ans entre Séleucus et Ptolémée, comme l'indique et l'exige le texte de Justin. Mais on n'attend pas longtemps, car la date de la fondation de Callinicon (242/1 a. Chr.) est tout proche, et, comme C. Müller, M. Kœhler ne voit pas où Séleucus aurait gagné ses « belles victoires », si ce n'est en Lydie, sur son frère. Mais pourquoi aller planter sur l'Euphrate le trophée de victoires remportées en Lydie? C'est que, sans doute, les débris de l'armée vaincue s'étaient retirés dans cette direction et que Séleucus les avait suivis ou poursuivis.

La guerre a donc commencé entre les deux frères par le fait d'Antiochus, qui, alors que Séleucus consentait à lui laisser l'Asie cis-Taurique, avait voulu être roi de tout le royaume et s'était déclaré tel à Sardes. Deux fois battu en Lydie, Antiochus trouve aussitôt un allié dans Mithridate, roi de Pont, et Ptolémée lui-même, au mépris de la trêve, opère en sa faveur une diversion en Syrie. Séleucus est écrasé à Ancyre, mais il réussit ensuite à arrêter Ptolémée en débloquant Orthosia à la date indiquée par Eusèbe (241 a. Chr.), dont tout le récit est conservé et suivi de point en point.

Dès lors, Séleucus se prépare à aller en Orient pour refouler les Parthes. Ne pouvant amener son frère à résipiscence, il cherche à l'isoler. Il fait la paix avec Mithridate en lui donnant sa sœur Laodice avec la Grande-Phrygie pour dot, et il contracte alliance avec Attale de Pergame. De son côté, Antiochus, un moment poursuivi par ses mercenaires gaulois jusqu'à Magnésie et sauvé de leurs mains par la garnison égyptienne de cette ville, cède à perpétuité aux Gaulois, jusque-là errants, un morceau de la Grande-Phrygie, la future Galatie.

Avec Mithridate et Attale pour alliés, Séleucus était garanti contre les entreprises de son frère et libre de songer aux Parthes. Attale ne perd pas de temps : il attaque Antiochus et ses Gaulois, le bat à Pergame et se hâte de prendre le titre de roi, sans attendre le retour ni demander l'assentiment de Séleucus, vers 240 environ.

M. Kœhler ne poursuit pas plus loin son étude. Il croit avoir, tout en respectant l'intégrité des textes, proposé pour la genèse du royaume de Pergame une conception « plus cohérente, historiquement et humainement plus intelligible que le récit traditionnel », c'est-à-dire couramment admis depuis Droysen. Il est à craindre qu'il ne se soit fait illusion. Si son but était uniquement de combiner le récit de Justin et celui d'Eusèbe sans altérer ni l'un ni l'autre, il l'a atteint. Mais à quel prix! Les dates qui scandent le récit d'Eusèbe l'obligent à accumuler en trois ou quatre ans une somme de faits, une quantité de batailles et de négociations telle que, d'instinct pour ainsi dire, le lecteur lui refuse son assentiment. Avec cette allure ultra-rapide, le postulat même qu'on pouvait *a priori* concéder à M. Kœhler devient invraisemblable. On ne comprend plus pourquoi Ptolémée victorieux se hâte tant de signer, dès 243 probablement, une paix qu'il se hâte également de violer. M. Kœhler, dans son élan de réaction contre le système d'indépendance absolue appliqué par Droysen, avait dépassé les bornes raisonnables que la critique doit imposer au respect des textes.

C'est ce qu'a pensé, avec juste raison, l'auteur d'une étude *Sur les guerres syriennes des premiers Ptolémées et la guerre entre frères de Séleucus Callinicus et Antiochus Hiérax*[1].

Si l'article de M. Kœhler s'enferme dans une partie restreinte de notre sujet, celui de M. Kœpp va au delà et commence plus haut, car les onze premières pages sont consacrées aux démêlés de Ptolémée Philadelphe avec Antiochus I" et Antiochus II. Arrivé au règne de Séleucus II Callinicus, M. Kœpp rejette, comme aboutissant à des invraisemblances énormes, le système ultra-conservateur de M. Kœhler. Il ne partage pas davantage l'état d'esprit opposé, et il estime que, quoi qu'en aient dit Niebuhr et Droysen, en cas d'incompatibilité, Justin doit être préféré à Eusèbe, l'abrégé d'une histoire suivie à une compilation chronographique. Ce sont là des principes rassurants, de juste milieu; mais on s'aperçoit bientôt que le respect de M. Kœpp pour Justin n'égale pas encore sa déférence pour ceux qui ont pris l'habitude de le maltraiter.

Comme entrée de jeu, M. Kœpp non seulement adopte, mais aggrave l'hypothèse de Niebuhr[2]. Ce n'est plus seule-

---

1. Fr. Koepp, *Ueber die syrischen Kriege der ersten Ptolemäer und den Bruderkrieg des Seleucos Kallinikos und Antiochos Hierax*, dans le *Rhein. Museum*, t. XXXIX, 1884, p. 209-230.
2. Voir le tableau III placé en tête de l'article (p. 14-15).

ment au retour de Ptolémée qu'Antiochus Hiérax s'allie avec le Lagide, mais dès le début du conflit entre Ptolémée et Séleucus. Le jeune épervier a bec et ongles de bonne heure, et voilà la vraie manière d'entendre Justin, qui fait commencer beaucoup plus tard les intrigues du personnage. Séleucus attend pour reprendre l'offensive que Ptolémée se soit enfoncé dans l'Extrême-Orient. C'est une interprétation plausible de l'expression de Justin *post discessum Ptolemaei*, que l'on traduit d'ordinaire par « après la retraite de Ptolémée (en Égypte) », après l'évacuation de l'empire séleucide par les troupes du conquérant[1]. Les deux victoires remportées en Lydie par Séleucus sur son frère, d'après Eusèbe; le naufrage de la première flotte dirigée contre les villes grecques du littoral, d'après Justin; tout cela se passe pendant que Ptolémée poursuit sa marche triomphale au delà de l'Euphrate. Au retour, le Lagide ajoute la Cilicie aux possessions d'Antiochus, comme nous l'apprend saint Jérôme, interprété par Niebuhr, Droysen, C. Müller et Kœhler.

Nous ne sommes encore qu'en 243, et l'avance que M. Kœpp se donne ainsi sur la chronologie de ses devanciers décharge d'autant les années suivantes, naguère si encombrées.

Séleucus, enhardi par le revirement qui se produit en sa faveur dans les villes maritimes, reprend la Syrie Séleucide jusqu'à l'Euphrate, où il fonde Callinicon (242); puis, avec le concours de la flotte[2] équipée par les villes grecques, il débloque Orthosia (241). Mais Ptolémée, inquiet pour la Cœlé-Syrie et la Phénicie, qu'il entendait garder, accourt avec des forces supérieures, et Séleucus défait, ainsi que l'atteste Justin, après avoir fait à son frère des propositions d'alliance qui intimident Ptolémée, signe avec celui-ci une trêve de dix ans (241). Toute cette partie du récit, sauf l'hypothèse niebuhrienne qui plane au-dessus, ne prête à aucune objection. M. Kœpp est arrivé à ce résultat en

---

1. Il est clair que le membre de phrase à tournure conditionnelle par lequel Justin explique le retour de Ptolémée *(qui nisi in Aegyptum — revocatus esset)* peut anticiper sur l'événement et n'oblige pas à penser que *Post discessum* signifie après la rentrée de Ptolémée en Égypte. Cf. l'opinion conforme de J. Beloch.

2. Induction fondée sur *appulsu*, qui n'est pas dans le texte arménien. Cf. ci-dessus, p. 8, 4.

déplaçant une phrase d'Eusèbe, ce qui lui permet de rejeter après la levée du blocus d'Orthosia le conflit avec Mithridate et la bataille d'Ancyre.

Mithridate, que Séleucus croyait avoir gagné à sa cause en lui donnant sa sœur en mariage, s'était, dans l'intervalle, associé à Antiochus. Séleucus, prenant l'offensive contre son frère, se trouve en présence des deux alliés, et il est complètement battu à Ancyre. La suite du récit repose à la fois, sans contradiction, sur Eusèbe et sur Justin. Antiochus se brouille avec Mithridate en pressurant la Grande-Phrygie avec ses mercenaires, qui le poursuivent jusqu'à Magnésie. Sauvé de leurs mains par la garnison égyptienne[1], il fait sa paix avec ces Gaulois dont il ne peut se passer. Une fois sorti de tous ces embarras, il épouse la fille de Ziaélas (vers 239).

Chef de bandes gauloises, allié du roi de Bithynie, et surtout possesseur de provinces convoitées par le dynaste de Pergame, Antiochus ne pouvait manquer d'entrer en conflit avec Attale. Cette nécessité, née de la force des choses, aurait pu suffire à M. Kœpp. Mais, comme M. Kœhler, il retombe ici sous le joug de Droysen : il prend sur lui d'affirmer, malgré le silence des textes, que Séleucus fit alliance avec Attale, et l'exemple de M. Kœhler l'entraîne à supposer également que le roi de Syrie s'entendit à nouveau avec Mithridate. C'est un accès, d'ailleurs véniel, de cette affectation de perspicacité psychologique et diplomatique qui apparaît si souvent chez Niebuhr et chez Droysen.

En ce qui concerne la guerre entre Attale et Antiochus, M. Kœpp utilise au mieux les inscriptions de Pergame pour amener une transaction entre ceux qui, comme Niebuhr, réduisent les victoires si vantées d'Attale à des succès remportés sur les mercenaires d'Antiochus, et ceux qui, comme Droysen, croient à une invasion gauloise repoussée par le glorieux champion de la race hellénique.

Pendant qu'Attale gagne sur le champ de bataille sa couronne de roi, Séleucus guerroie en Orient, d'où il est

---

1. Kœpp revient ici à l'hypothèse écartée par Droysen (ci-dessus, p. 32, 2) et suppose Magnésie prise précédemment, pour le compte du Lagide, par Callicratidas de Cyrène (Polyen, II, 27), fait que Droysen plaçait environ vingt ans plus haut, sous Ptolémée II et Antiochus II.

rappelé par les troubles d'Antioche. Ici encore, M. Kœpp est tout disposé à adopter les combinaisons de Droysen : l'entente entre Stratonice et Antiochus, la défaite de ce dernier en Mésopotamie, — où l'on peut supposer qu'il était allé barrer la route à son frère, — la fuite d'Antiochus en Arménie et en Cappadoce. Mais, à cette étape de la route, M. Kœpp se refuse énergiquement à suivre les caprices de Droysen, qui, nous l'avons vu, coupe en deux une phrase de Justin pour intercaler ici l'affaire de Magnésie et une paix générale de son invention. L'affaire de Magnésie a trouvé sa place plus haut, et de paix on ne rencontre trace nulle part. Il n'y a, pour le moment, d'autres belligérants qu'Antiochus et Attale, Séleucus se contentant de régner au delà du Taurus. A plus forte raison est-il superflu d'imaginer qu'Antiochus, sans avoir fait la paix ni avec Attale, ni avec Séleucus, soit allé chercher querelle à Ptolémée en Carie. Les deux ou trois batailles livrées en Lydie et celle qu'Eusèbe mentionne en Carie ont été autant d'incidents de la lutte circonscrite entre Attale et Antiochus. M. Kœpp n'est même pas éloigné de réduire les trois batailles de Lydie à une seule, celle de Coloé, près Sardes. L'Eusèbe arménien ne dit pas précisément qu'Antiochus fut battu deux fois en Lydie avant de l'être à Coloé, mais qu'il fut deux fois l'agresseur. Il se pourrait donc que le traducteur arménien ait mal compris une phrase où Eusèbe, songeant aux hostilités précédentes, disait qu'Antiochus avait non pas « deux fois », mais « une seconde fois » recommencé la guerre contre Attale. Antiochus aurait donc été vaincu d'abord à Coloé, puis définitivement écrasé en Carie. La fuite d'Antiochus en Thrace, alors possession égyptienne, se combine aisément avec le récit de Justin, et M. Kœpp s'abstient d'essayer de ce côté de nouvelles retouches.

Il est certain — dans la mesure où la certitude s'applique à ces sortes de problèmes — que le travail de M. Kœpp a fait faire un grand pas à la question. Nous n'avons plus affaire à un fouillis de textes disséqués en fibrilles, à des personnages affectés d'une sorte de *delirium tremens*, à des traités plus ou moins imaginaires, qui subsistent virtuellement pendant qu'on les viole à tout propos. Dans un champ élargi de quelques années, l'histoire s'est apaisée et simplifiée. Chaque figurant reste dans son rôle. Il n'y a jamais eu ni traité ni trêve entre Séleucus et Antiochus, pas plus qu'entre Antiochus et Attale : ce sont des ennemis perpétuels. Ptolémée, après avoir signé, en 241, avec Séleucus une trêve de dix ans qui devient, en fait, une paix définitive, ne reprend plus les armes. Si ses troupes, à Magnésie, aident un jour Antiochus, c'est contre les Gaulois ; mais il est l'ennemi des agitateurs, et, quand il tient celui-ci en son pouvoir, il le fait enfermer par amour de la paix. Et toute cette belle ordonnance a été obtenue, ne l'oublions pas, par un progrès de la méthode; il n'y a eu qu'une phrase déplacée dans Justin et une dans Eusèbe. On se prend à désirer que le système puisse résister à toutes les objections.

Il n'en est malheureusement pas ainsi, et je crois pouvoir démontrer que les parties faibles du système sont uniquement celles où M. Kœpp fait preuve de déférence à l'égard des innovations de Niebuhr ou de Droysen, et d'indépendance à l'égard de Justin. Rappelons encore — puisqu'il vaut mieux se répéter que de courir le risque d'être obscur — que Justin prononce pour la première fois le nom d'Antiochus Hiérax au moment où Séleucus, battu par Ptolémée en Syrie et réfugié à Antioche, offre à son jeune frère, alors âgé de quatorze ans, l'Asie cis-Taurique, c'est-à-dire à une date que M. Kœpp lui-même place en 241. Par conséquent, c'est en dépit de Justin, c'est en suivant les traces de Niebuhr, et allant même au delà, que M. Kœpp ajoute à la biographie d'Antiochus un premier chapitre tout à fait ignoré des auteurs. Comme ce premier chapitre remplit environ cinq années, et qu'on ne peut vraiment pas placer ces cinq années avant les quatorze ans qu'aurait eus Antiochus en 241, d'après Justin, il faut ou récuser tout à fait Justin, ou supposer qu'il a, par mégarde, donné à Antiochus, en 241, l'âge que celui-ci avait en 246. M. Kœpp, qui prend ce dernier parti, est ainsi amené à découper un lambeau du texte de Justin et à le faire passer du milieu du récit au commencement. De cette faute initiale, commise à l'instigation de Niebuhr et de Droysen, découlent des conséquences fâcheuses. Il n'y a plus de place dans les vingt ans du règne de Séleucus II pour un moment de concorde entre les deux frères. Il faut donc encore torturer le texte de Justin et aussi prendre pour un mensonge officiel une dédicace faite à l'Apollon de Milet par « les rois Séleucus et Antiochus »[1]. M. Kœpp, comme Droysen (III, p. 374, 2), la place au début du règne de Séleucus, alors que la famille des Séleucides n'était pas encore désunie ; mais ce temps de concorde initiale devient si court dans son système qu'il devient malaisé d'y trouver place pour un acte de libéralité des deux princes. En 241, M. Kœpp ne veut pas non plus ménager un instant de répit aux deux frères, toujours au mépris de Justin, qui affirme qu'Antiochus se disposait alors à prêter secours à son frère. L'état d'hostilité perpétuelle maintenu pendant dix-huit ans entre les deux Séleucides donne de l'unité au drame ; mais ce qui pourrait être excellent dans une tragédie ne saurait être une loi de l'histoire, qui n'a pas d'autre loi que le devoir de chercher le vrai, la trace des réalités disparues.

Il n'y a pas d'invraisemblance à admettre que la bataille de Pergame ait suivi de si près celle d'Ancyre ; mais il paraît plus difficile de croire qu'Antiochus, battu à Pergame par Attale, battu en Mésopotamie par Séleucus, traqué en Arménie et en Cappadoce, ait encore eu la force de recommencer une campagne — ou même deux, d'après Eusèbe — contre Attale. Trogue-Pompée et Justin placent immédiatement après la fuite d'Antiochus hors de la Cappadoce la résolution désespérée que prit celui-ci de se confier à Ptolémée. Sans doute, Trogue-Pompée et Justin ignorent les dernières batailles de Lydie, tandis qu'Eusèbe en connaît jusqu'à la date (230/229 a. Chr.) ; mais, de son côté, Eusèbe ignore la lutte transportée en Mésopotamie et la mésaventure d'Antiochus en Cappadoce. On ne peut donc combiner les deux récits qu'en supposant des lacunes dans l'un et dans l'autre ; et, dès lors, il y a lieu de se demander s'il est d'une meilleure critique de prendre l'avant-dernière péripétie du drame dans Eusèbe plutôt que dans Trogue-Pompée

---

[1]. (C. I. G., 2852 = Dittenb. 170.) — C'est un message du roi Séleucus (Βασιλεὺς Σέλευκος) au Conseil et au peuple de Milet, avec une liste d'ex-voto consacrée τοῖς θεοῖς Σωτῆρσι (Antiochus Ier Soter et Stratonice). En tête de la liste, on lit : τάδε ἀνέθηκαν βασιλεῖς Σέλευκος καὶ Ἀντίοχος τὰ ἐν ἐπιστολῇ γεγραμμένα. Droysen et Kœpp supposent qu'Antiochus n'étant pas encore roi, le titre de βασιλεῖς a été mis là « par pure courtoisie » sacerdotale. L'explication serait admissible à défaut d'autre. Mais on n'a plus besoin de « courtoisie », mal placée dans un document officiel, si l'on suppose (ci-après, p. 51) que l'offrande a été faite en un temps où Antiochus était réellement « roi », mais subordonné à son frère, qui parle au nom des deux.

et Justin. M. Kœpp, qui se proposait de préférer, d'une manière générale, le récit suivi de Justin aux propos interrompus du chronographe, a oublié, chemin faisant, la façon dont il concevait son rôle d'arbitre, et ce n'est pas trop dire que d'affirmer que toutes les invraisemblances de son système viennent de là.

V

Ce sont sans doute des réflexions de ce genre qui on décidé M. J. Beloch[1] à tenter à son tour la restauration de ce passé chaotique. M. Beloch s'est évidemment imposé pour règle de ne pas déranger une phrase dans Justin, et de ne déplacer dans Eusèbe que celle dont personne — sauf M. Kœhler — n'a cru pouvoir faire usage sans interversion. La résolution était sage, et M. Beloch s'est tenu parole. Il ne faudrait toutefois pas le prendre pour un compilateur timide, ni pour un critique respectueux. On dirait même, au contraire, qu'il éprouve le besoin de batailler, le besoin aussi d'affirmer son originalité en faisant des découvertes personnelles. Cette humeur trouve son compte à ménager les textes anciens; car c'est une revanche à prendre sur les critiques modernes, et il fallait un bras vigoureux pour renverser enfin les échafaudages d'hypothèses qui tenaient bon depuis Niebuhr[2].

Le coup d'éclat ne se fait pas attendre. A peine M. Beloch a-t-il dédaigneusement écarté de l'histoire de la mort d'Antiochus les bavardages de Phylarque, qu'il rompt tout net avec l'hypothèse si vantée de Niebuhr[3]. L'« ami » auquel, vers 244, Ptolémée confie la Cilicie — et la Cilicie seulement — est bien un stratège égyptien, et non pas l'enfant qui sera plus tard Antiochus Hiérax. Peu s'en faut que M. Beloch ne

---

[1]. J. Beloch, *Seleukos Kallinikos und Antiochos Hierax*, ap. *Histor. Zeitschrift*, t. XXIV, 1888, p. 499-512.

[2]. Seul, à notre connaissance, C. Cless, dans ses biographies des Ptolémées, qui datent de 1852 (*Pauly, R. E.*, VI, s. v.), avait refusé d'admettre l'identification du stratège égyptien avec Antiochus Hiérax.

[3]. Voir le tableau IV placé en tête du mémoire (p. 16-17).

traite ici Niebuhr comme il a traité Phylarque, auquel, dit-il, « il espère qu'on le dispensera de répondre ». Il se contente de faire observer qu'il devait y avoir alors dans le monde grec plus d'un Antiochus, qu'Antiochus Hiérax était alors jeune, et que, eût-il été en âge, son intérêt l'eût empêché de soutenir Ptolémée contre son frère. Ce dernier argument, soit dit en passant, est médiocre : car Antiochus, avec l'imprudence des tout jeunes gens, aurait pu agir en cela contre son intérêt véritable.

Le terrain ainsi déblayé, reprenons les événements à la mort d'Antiochus II.

La discorde intestine, qui aboutit à la mort violente de Bérénice et de son fils au berceau, n'est plus seulement, comme chez Droysen, une querelle de femmes, une tragédie domestique. Avant même que Ptolémée fût arrivé — trop tard — au secours de sa sœur, les villes grecques d'Asie Mineure, sous couleur de prendre parti pour la jeune reine et le jeune prétendant, avaient fait défection. L'anarchie rendit facile les succès de Ptolémée. Tout cela est dit ou sous-entendu dans Justin.

L'inscription de Magnésie du Sipyle, déjà mentionnée plus haut, comble une lacune dans l'exposé de Justin. Il y est parlé à deux reprises d'une irruption de Séleucus en Séleucide. Nous avons vu que Droysen, avec quelque hésitation, M. Kœpp, sans hésitation, entendaient par Séleucide la tétrapole syrienne. Ils supposaient, par conséquent, que Séleucus, réfugié en Asie Mineure, avait franchi le Taurus (ὑπερέβαλεν) pour tenter de reconquérir la Syrie. On ne voit pas trop si c'est comme stratégiste, comme philologue ou comme amateur de solutions originales, que M. Beloch désapprouve ce mouvement du nord au sud ; le fait est qu'il le retourne, et que, pour lui, Σελευκίς désigne ici l'Asie Mineure.

Son raisonnement, exposé en note, est des plus expéditifs. On appelait, dit-il, Séleucide la Haute Syrie, par opposition à la Syrie Ptolémaïque ; Séleucide également la Cappadoce incorporée au royaume syrien, par opposition à la Cappadoce autonome ; donc, on devait appeler Asie Séleucide, ou « Séleucide » tout court, la partie de l'Asie Mineure possédée par les Séleucides. Mais où voit-on que, en fait, l'Asie Mineure ait jamais été appelée Séleucide ?

Dans l'inscription de Sigeion (*C. I. Gr.*, 3595). On y loue Antiochus Ier Soter d'avoir pacifié « les villes de la Séleucide » : or, ces villes ne peuvent être que des villes d'Asie Mineure, car le sort des villes de Syrie devait être assez indifférent aux habitants d'Ilion.

C'est aller bien vite en besogne et violer bien des règles de critique à la fois. Écartons d'abord le semblant de preuve tiré de l'inscription de Sigeion. Les Iliens, en quête de compliments à faire à leur souverain, en prennent la matière où ils la trouvent. A ce point de vue, les actes accomplis par Antiochus Soter en Syrie ne leur sont nullement étrangers. De plus, si M. Beloch avait lu l'inscription jusqu'au bout avec l'attention qu'elle mérite, il aurait vu qu'elle fournit un argument péremptoire contre sa thèse. En effet, le document officiel, après avoir parlé des actes du roi en « Séleucide », ouvre une nouvelle série en disant : « Mais maintenant qu'il est arrivé dans les lieux situés de ce côté du Taurus (νῦν δὲ παραγενόμενος ἐπὶ τοὺς τόπους τοὺς ἐπὶ τάδε τοῦ Ταύρου κ. τ. λ.) ». C'est une preuve que la Séleucide était de l'autre côté. S'imagine-t-on, d'ailleurs, les villes grecques d'Asie Mineure endossant pour ainsi dire la livrée du maître, et appelant Séleucide le pays avec lequel elles faisaient corps ? Les habitants d'Ilion auraient donc créé cette dénomination pour leur propre usage, car il n'en reste ailleurs nulle trace. Les auteurs postérieurs aux Séleucides continuent à appeler l'Asie Mineure « l'Asie en deçà du Taurus » ou « l'Asie en dedans de l'Halys ». Mais il est inutile d'insister : M. Beloch serait homme à convenir tout le premier qu'il n'y avait pas assez réfléchi. Outre qu'une pointe de paradoxe ne lui déplaît pas, il a cru faire de la bonne psychologie, celle des diplomates, en supposant que les villes de Smyrne et Magnésie étaient fidèles à Séleucus quand il était en Séleucide, c'est-à-dire présent, la fidélité aux absents étant infiniment plus rare.

Donc, d'après son interprétation, Séleucus, entre 246 et 244, passe de Syrie en Asie Mineure, y équipe une flotte, — à Smyrne, par exemple, — la perd dans un naufrage et se voit inopinément secouru par les villes grecques, qui se ravisent dès qu'elles s'aperçoivent que le Lagide ne veut pas seulement venger sa sœur et son neveu, mais prendre pour lui l'héritage. En cédant aux Rhodiens Stratonicée en

Carie, il achète leur concours; en mariant ses deux sœurs, Laodice et Stratonice, l'une à Mithridate de Pont, l'autre — alors ou un peu plus tard — à Ariarathe, roi ou fils du roi de Cappadoce, il se fait deux nouveaux alliés; si bien que, maître de l'Asie Mineure, il est en état, vers 243, d'attaquer Ptolémée, de recouvrer la Syrie, même les provinces au delà de l'Euphrate, et peut-être de remporter une victoire décisive au lieu nommé depuis lors Callinicon (242/1 a. Chr.).

On est charmé de voir la lumière se faire dans une période qui, même sous la main habile de M. Kœpp, restait inintelligible. C'est que M. Beloch, fidèle à Justin, en a éliminé l'élément perturbateur, la lutte concomitante entre Antiochus et Séleucus. L'hypothèse de Niebuhr a cessé de peser sur la situation, et les deux batailles en Lydie, que M. Kœpp s'était cru obligé d'insérer aussi haut que possible, M. Beloch est libre de les ajourner à six ans de là, lorsque le moment sera venu de suivre Eusèbe, auquel jusqu'ici il n'a rien emprunté.

Cependant, Ptolémée entend garder au moins la Cœlé-Syrie, et il y envoie des troupes. Ici, à l'exemple de Niebuhr (que M. Kœhler seul a refusé de suivre), M. Beloch se décide à utiliser, en la changeant de place, l'unique phrase qui, vers le milieu du texte d'Eusèbe, interrompt le récit de la guerre entre les deux Séleucides. Cette phrase contient, en effet, une date précise, celle de la levée du blocus d'Orthosia (241), dégagée par Séleucus. Mais nous revenons aussitôt à Justin. La fortune tourne. Séleucus est rejeté sur Antioche, et, pour comble de malheur, Antiochus Hiérax lève à Sardes l'étendard de la révolte. Ici seulement commence, non pas encore la guerre déclarée, mais la discorde entre les deux frères. La guerre, Séleucus n'est pas en état de la faire. Il cède à Antiochus l'Asie Mineure, et à ce prix il obtient son concours, ce qui décide Ptolémée à signer la paix, non pas *pour* dix ans, comme le croit Justin, mais *au bout de* dix ans de guerre. Justin, que M. Beloch entoure de déférence, peut bien néanmoins être soupçonné d'avoir mal lu le texte qu'il abrégeait. A la fin du iiie siècle avant notre ère, l'habitude était passée de signer des conventions à terme. C'est une conjecture un peu osée, mais ingénieuse, et qui permet à M. Beloch de fixer la date de cette paix à l'année 237.

Les deux Séleucides règnent alors ensemble, durant un an

environ, et ils s'empressent de notifier au public leur entente en faisant, à frais communs, des cadeaux à l'Apollon de Milet (*C. I. Gr.*, 2852). Puis la brouille éclate, peut-être par le fait de Séleucus, qui entendait exercer une sorte de suzeraineté sur son frère. On n'est pas obligé, quand il s'agit de motifs psychologiques, de s'en remettre tout à fait à Justin, qui explique tout par la rapacité de l'épervier, du jeune Hiérax. Séleucus envahit l'Asie Mineure. Il bat deux fois Antiochus en Lydie, comme le rapporte Eusèbe, et se trouve maître du pays, à l'exception de Sardes et d'Éphèse. Smyrne et les deux Magnésies passent de son côté, ainsi qu'en témoigne l'inscription déjà visée plus haut (*C. I. Gr.*, 3137) et qui date de cette époque. Mais Antiochus lève une armée de Gaulois, et son beau-frère Mithridate intervient en sa faveur, ce qui se comprend très bien si l'agression venait de Séleucus. Les deux coalisés écrasent Séleucus à Ancyre, mais la guerre s'arrête là. Antiochus, qui avait pleuré son frère, alors qu'il le croyait resté sur le champ de bataille, dut se réconcilier bientôt avec lui, car, jusqu'aux crises de la fin, on n'entend plus parler d'hostilités entre les deux frères. C'est ainsi que Trogue-Pompée, que Justin ordonnent les faits, et c'est folie que de tout brouiller avec des bribes détachées du texte d'Eusèbe. Sauf une incartade d'Antiochus, qui trouvera sa place et son explication plus loin, il n'y a eu qu'*une* guerre entre Séleucus et Antiochus, comme il n'y a eu en tout qu'*une* guerre entre Séleucus et Ptolémée.

Comme tout se simplifie, et que nous voici loin — répétons-le encore — de ces hostilités en partie double ou triple, de ces traités précaires, toujours défaits et refaits, que prodiguait le scepticisme boudeur et désorienté de Droysen !

Après la bataille d'Ancyre (235 ou 234 a. Chr.), chacun suit sa voie. Séleucus va combattre les Parthes, qui ont tablé sur le bruit de sa mort, ainsi que le dit Justin; il part sans se douter que sa tante Stratonice va provoquer des troubles à Antioche et l'obliger à brusquer son retour. Antiochus, qui avait refusé de se mêler aux intrigues de Stratonice, se brouille, à propos de la Phrygie, avec Mithridate de Pont et avec ses mercenaires gaulois, qui le poursuivent jusqu'à Magnésie et que des troupes égyptiennes, débarquées à propos, l'aident à dompter. Ce n'est pas, comme on s'obstine à le répéter depuis Droysen, qu'il y eût alors une garnison égyptienne à Magnésie (du Méandre), cette ville étant, l'inscription susvisée le prouve, libre et fédérée avec Smyrne et l'autre Magnésie. Les Gaulois étaient la terreur de tous les Hellènes, et le Lagide, qui avait encore des possessions sur le littoral d'Asie Mineure, put bien envoyer en cette occasion, au secours d'Antiochus, un corps de troupes qui le rejoignit aux environs de Magnésie. A l'appui de cette conjecture, — discrète, en somme, — M. Beloch propose de reconnaître ces auxiliaires égyptiens dans les Πτολεμαϊκοί de l'inscription d'Érythræ (Dittenb., 159). C'est encore une difficulté de supprimée, et une difficulté qui avait fort tourmenté Droysen. Elle l'avait obligé à supposer que, entre la date de l'inscription de Magnésie et l'affaire d'Antiochus, Magnésie était retombée au pouvoir des Égyptiens.

Quoi qu'il en soit, une fois tiré d'embarras par un accommodement avec ses Gaulois, Antiochus épouse, vers 233/2, la fille de Ziaélas. Le vieux proverbe qui défend de « remuer toutes les pierres » n'est assurément pas fait pour les épigraphistes; il ne l'est pas non plus pour les historiens en veine de conjectures. M. Beloch, qui s'entraîne à pourchasser les hypothèses de Niebuhr, saisit ici l'occasion d'en remplacer une par une autre de sa façon, celle-ci, j'ai regret à le constater, plus invraisemblable que la première. M. Beloch s'essaie à déterminer la date approximative du mariage d'Antiochus. Pour cela, il suppute l'âge probable de sa fille, je veux dire d'une fille qu'il lui connaît et qu'il lui adjuge de sa propre autorité. On lit dans un passage de Polybe (V, 74) que Laodice, épouse d'Achæos, le général et ensuite le rival d'Antiochus III le Grand, avait été élevée par un ami intime d'Antiochus Hiérax, Logbasis de Selgé, lequel s'était fait son père nourricier. A un autre endroit (VIII, 22), Polybe ajoute que cette Laodice était fille de Mithridate. Là-dessus, Niebuhr avait supposé que Mithridate, au moment où il se détacha de Séleucus pour faire alliance avec Antiochus, avait donné à celui-ci sa fille encore enfant, moitié comme fiancée, moitié comme ôtage; que celle-ci avait été confiée par Antiochus au Selgien Logbasis, et que, plus tard, elle avait épousé Achæos. C'est une solution un peu compliquée, et Droysen ne la simplifie pas avec les finesses diplomatiques qu'il y découvre, en imaginant un contrat de mariage en vertu duquel la Grande Phrygie, cédée à Mithridate comme dot de sa femme par Séleucus, devait retourner, comme dot de sa fille, à Antiochus. Ce Mithridate est bien pressé de se dépouiller en faveur du prétendant qui implore son appui, et de donner au lieu de recevoir. M. Kœpp avait pourtant encore accepté, sans faire d'objection, la conjecture de Niebuhr. M. Beloch ne se contente pas de la rejeter; il y substitue une solution à lui. Si Laodice, la future épouse d'Achæos, avait été confiée à un ami intime d'Antiochus Hiérax, c'est qu'elle était la fille de ce prince, née de son mariage avec la fille de Ziaélas. Mais Polybe assure qu'elle était fille de Mithridate? Erreur de copiste : il n'y a qu'à remplacer dans le texte Μιθριδάτου par Ἀντιόχου.

Certes, le remède est héroïque, mais il ne sera pas du goût de tout le monde. Nous surprenons encore M. Beloch en flagrant délit de précipitation. Il croit avoir suffisamment réfuté Niebuhr en disant qu'il est bien invraisemblable que Mithridate, qui maria une fille du nom de Laodice avec Antiochus le Grand, ait donné le même nom à une autre fille. A ce compte, il faut que M. Beloch retouche toutes les généalogies royales où figurent des sœurs homonymes. Les noms en usage dans les dynasties hellénistiques étant extrêmement restreints, l'homonymie était un inconvénient auquel on était habitué. Par exemple, nous connaissons à Ptolémée VI Philométor au moins deux filles du nom de Cléopâtre : l'une qui épousa successivement Alexandre Bala, Démétrius II Nicator et Antiochus VII Sidétès; l'autre qui épousa son oncle Ptolémée Évergète II. La raison alléguée n'est donc pas suffisante pour autoriser une correction au texte de Polybe, qui mentionne séparément deux Laodices et les dit toutes deux filles de Mithridate. Elle peut encore moins servir d'argument positif à l'appui de l'hypothèse tout à fait gratuite de M. Beloch. J'ajoute que, si réellement Antiochus Hiérax avait eu une fille, et si Achæos l'avait épousée, il est étonnant que Polybe se soit abstenu de toute réflexion à ce propos : car Achæos joua un instant, comme vice-roi d'Asie Mineure, révolté contre Antiochus le Grand, un rôle qui aurait fait de lui l'imitateur et le successeur de son beau-père Antiochus Hiérax.

Mais revenons à l'exposé des faits, que nous avons laissé au mariage d'Antiochus avec la fille du roi de Bithynie, fixé par M. Beloch à la date approximative de 233/2. Survient la guerre entre Antiochus et Attale. M. Beloch appuie, avec sa décision ordinaire, — disons, avec un peu d'étourderie, — l'opinion de Niebuhr maintenue par Kœhler. Même après avoir lu les inscriptions de Pergame, il persiste à considérer tous les Gaulois vaincus par Attale comme des mercenaires d'Antiochus. En revanche, il ne voit aucune raison de supposer, comme tous ses devanciers depuis Droysen, une alliance plus ou moins effective entre Attale et Séleucus. Celui-ci est en paix avec son frère et ne désire nullement favoriser les empiétements du dynaste de Pergame sur le domaine héréditaire des Séleucides. On ne peut qu'approuver ici sans réserves l'opinion de M. Beloch, quand on songe que le dernier projet de Séleucus, le premier acte aussi de son fils et successeur Séleucus III Céraunus, fut de marcher contre Attale pour lui arracher ses conquêtes.

Cette simplification encourage M. Beloch à élaguer encore, non pas dans les textes, mais dans leur interprétation. Est-il bien nécessaire de distinguer entre la défaite infligée par Attale à Antiochus (celle que Justin mentionne sans nom de lieu, que Trogue-Pompée appelle la bataille de Pergame) et les deux ou trois défaites placées en Lydie par Eusèbe à la date de 229/8 avant Jésus-Christ? La chronologie en fait-elle un devoir? On admet généralement un écart de plusieurs années entre la bataille de Pergame et celles de Lydie, — huit ans dans le système de Droysen, dix ans environ d'après M. Kœpp, douze ans même selon M. Kœhler, — mais, en fait, on ignore la date de la bataille de Pergame, et il y a une raison sérieuse de la rapprocher de la date assignée aux batailles de Lydie par Eusèbe : c'est que, d'après Trogue-Pompée, les Gaulois vaincus à Pergame se rejetèrent sur la Bithynie et assassinèrent le roi Ziaélas. Or, la mort de Ziaélas, d'après des calculs fondés sur d'autres données, tombe aux environs de 228, coïncidant, par conséquent, avec les événements de Lydie. On est donc en droit de rapporter aux mêmes faits de guerre les textes de Trogue-Pompée et de Justin, d'une part, et le texte d'Eusèbe, d'autre part.

M. Beloch, qui marche vite, ne s'attarde pas à discuter,

Nous allons, ne fût-ce que pour n'être pas soupçonné d'adhérer sans réflexion aux combinaisons les plus simples, en vertu du principe du moindre effort, nous allons, dis-je, exposer et peut-être réfuter les objections que M. Beloch n'a pas pris la peine de combattre. La conjecture de M. Beloch se trouve déjà en germe dans le système de Niebuhr, qui, ne sachant où chercher Coloé, proposait d'identifier la bataille de ce nom avec celle de Pergame. On peut objecter tout d'abord à M. Beloch que Pergame n'est pas en Lydie, mais en Mysie. Il est aisé de répondre que Pergame est limitrophe de la Lydie et qu'Eusèbe, visant en bloc plusieurs rencontres dans un même membre de phrase, a bien pu commettre, sciemment ou non, une inexactitude géographique tout à fait vénielle. Ceci est d'autant plus vraisemblable que, si l'on ne veut pas admettre cette petite distraction de sa part, il faut lui en imputer une beaucoup plus grave, qui serait d'avoir totalement oublié la bataille si connue, si vantée, à laquelle Attale, vainqueur des Gaulois, dut sa couronne royale (cf. ci-dessus, p. 24, 1). Les difficultés d'ordre chronologique méritent plus d'attention. Remarquons, en premier lieu, que, en dégageant Attale de toute entente avec Séleucus, M. Beloch échappe du même coup à tous les synchronismes que Droysen et autres tiraient des combinaisons politiques auxquelles Attale était censé collaborer. Il ne reste plus à résoudre qu'une difficulté tirée de la date à laquelle Attale aurait pris le titre de roi, date qui suit de très près celle de la bataille de Pergame, ou, si l'on veut, se confond avec elle. Dans une monographie intitulée *Pergamos* et publiée en 1888, — la même année que l'article de M. Beloch, — M. Thraemer[1] croit pouvoir fixer à 240 ou 241 la fondation des « Jeux royaux » célébrés en l'honneur d'Athéna, « la première année d'Attale régnant », Βασιλεύοντος Ἀττάλου πρώτου ἔτους (*C. I. Gr.*, 3521). La raison, c'est que telle est la date assignée au commencement du règne d'Attale par les auteurs. En effet, Strabon place la mort d'Attale en 197 avant notre ère et lui alloue quarante-trois ans de règne, d'accord, à peu de chose près, avec Polybe, qui compte quarante-quatre ans. D'autre part, on

---

1. Ed. Thraemer, *Pergamos, Untersuchungen über die Frühgeschichte Kleinasiens und Griechenland*. Leipzig, 1888.

sait par Polybe (IV, 49) que, en 221 ou 220, le roi de Bithynie Prusias en voulait aux Byzantins de ce qu'ils avaient envoyé des théores aux jeux d'Attale, tandis qu'ils ne s'étaient pas fait représenter à ses Σωτήρια à lui. En supposant donc que les Byzantins aient assisté cette même année aux jeux pergaméniens, — ce que Polybe ne dit pas, — en supposant que ces jeux étaient pentaétériques, — ce que nous ignorons, — on remonte, par cinq cycles de quatre ans, à la date de 240 ou 241, déjà fixée par les textes de Strabon et Polybe.

On ne saurait trop protester contre cette méthode, qui consiste à mélanger les postulats et les témoignages, sans faire le triage du probable et du certain, et surtout à supprimer les possibilités d'interprétation qui ne cadrent pas avec le système. Il est évident, pour qui lit les textes sans parti pris, que, quand Polybe ou Strabon disent : « Attale a vécu tant d'années, sur lesquelles il a régné tant d'années, » ils entendent par *régner* exercer le pouvoir. Ils ne songent pas à distinguer entre les années durant lesquelles Attale a pu gouverner comme dynaste, et celles durant lesquelles il a régné avec le titre de roi[1]. Ceci admis, toute l'argumentation que M. Thraemer reprend à son compte — car il l'a trouvée toute faite — croule par la base. Quant au double postulat signalé tout à l'heure, à savoir que les jeux pergaméniens ont été célébrés en 221 et qu'ils étaient pentaétériques, il s'adapte parfaitement au système de M. Beloch. De 221 ou 220, on remonte aisément à une célébration antérieure, en date de 229 ou 228, et les textes de Polybe ou de Strabon n'empêchent pas du tout de croire que cette célé-

---

1. On a peine à comprendre cette attache pharisaïque au sens littéral quand on voit Diogène Laërce, parlant des relations d'Arcésilas avec Eumène Ier, classer celui-ci — qui n'était à coup sûr que dynaste — parmi les « rois ». Ἀλλὰ καὶ ἐχορήγει αὐτῷ πολλὰ Εὐμένης ὁ τοῦ Φιλεταίρου · διὸ καὶ τούτῳ μόνῳ τῶν ἄλλων βασιλέων προσεφώνει (Diog., L. IV, 6, § 38). Il résulterait de là que : 1° Eumène Ier était roi; 2° qu'il était fils de l'eunuque Philetæros (puisqu'on ne dit pas fils « adoptif ») et il faudrait, pour échapper à ces conséquences, fulminer contre un auteur coupable de parler comme tout le monde. C'est pourtant parce qu'Attale n'était pas « roi » avant la « bataille contre les Gaulois » que Meier refuse de rapporter à cette bataille le stratagème de l'hiéroscope Sudines, imprimant sur le foie de la victime les mots βασιλέως νίκη (Polyæn., IV, 20. Cf. ci-dessus, p. 6, 1). Pourquoi ne pas soutenir aussi bien, si la bataille était livrée à Antiochus roi par Attale encore dynaste, que le devin prédisait la victoire du roi adversaire? Ce sont là « jeux de princes » de la critique.

bration ait été la première, coïncidant avec la première année du « règne d'Attale roi », qui coïncide elle-même avec la date de la bataille de Pergame.

Le système de M. Beloch n'a plus qu'une épreuve à subir. Pour avoir si commodément réparti, à de larges intervalles, les faits que ses devanciers accumulaient dans d'étroits compartiments, il se voit mis en demeure de brusquer à son tour la marche de l'histoire. Il est obligé de faire tenir dans les deux années qui vont de 228 à 226 tout ce qui reste des textes de Trogue-Pompée, de Justin et d'Eusèbe, c'est-à-dire la défaite d'Antiochus par Séleucus en Mésopotamie, sa fuite par la Cappadoce et son internement par ordre de Ptolémée.

Voici comment il conçoit l'enchaînement des faits. Avec les débris de l'armée battue à plusieurs reprises par Attale, Antiochus, passé à l'état d'aventurier, se jette sur son frère et se fait expulser de la Mésopotamie par les généraux de Séleucus. Pourquoi cette agression? Parce qu'Antiochus gardait rancune à son frère de l'avoir laissé seul aux prises avec Attale. Voilà un motif ingénieusement trouvé, plausible d'ailleurs, étant donné l'état d'esprit d'un prince aigri par ses déceptions, et qui dispense d'imaginer un état d'hostilité permanente entre les deux Séleucides. De la Mésopotamie, Antiochus s'enfuit en Cappadoce, et de là sur « territoire ptolémaïque ». M. Beloch, qui esquisse en moins d'une page le canevas du dénouement, ne nous dit pas s'il est disposé à intercaler ici le détour par l'Arménie, d'après Polyen, ni où se trouve au juste le territoire ptolémaïque. En tout cas, il faut le chercher en Asie Mineure. C'est encore une simplification, si l'on songe aux itinéraires bizarres et aux projets à longue portée que supposait une fuite dirigée de la Cappadoce vers la Thrace. Antiochus finit bien par arriver en Thrace; mais c'est après s'être évadé de la prison où l'avait interné Ptolémée. Et pourquoi Antiochus choisit-il la Thrace pour son dernier refuge? Parce que, répond M. Beloch, la Thrace était probablement le dernier reste de ses possessions. « Il semble — ajoute-t-il en note — que les villes du littoral de Thrace tombèrent alors seulement au pouvoir des Ptolémées. Peut-être aussi l'expédition d'Antigone Doson en Carie a-t-elle quelque rapport avec ces événements. » Là-dessus, M. Beloch pose la plume, nous laissant face à face avec une hypothèse absolument imprévue, à l'appui de laquelle il n'apporte aucun argument, s'en remettant pour le surplus aux vagues présomptions de Droysen sur un accord possible entre Antiochus Hiérax et Antigone.

La hâte d'en finir a évidemment empêché M. Beloch de peser ici le pour et le contre, sans quoi il eût mieux résisté au plaisir de contre-carrer une fois de plus des opinions courantes. Que le littoral de la Thrace fût alors au pouvoir des Séleucides, aucun texte ne permet de le supposer, et tous les témoignages sont en faveur de la thèse contraire. La Thrace est expressément cataloguée, dans la célèbre inscription d'Adulis, parmi les conquêtes de Ptolémée Évergète. Il faudrait donc que Ptolémée, en faisant la paix avec Séleucus, eût compris la Thrace dans la rétrocession en bloc qu'il fit en ce moment au Séleucide. La chose est possible, à la rigueur, mais tout à fait improbable. Depuis le temps de Ptolémée Philadelphe, les Lagides disputaient à la Macédoine la domination de l'Archipel. Des stations, des ports situés au nord de la mer Égée, étaient pour eux des acquisitions d'un prix inestimable. Renoncer à la Chersonèse de Thrace, par exemple, c'eût été remettre en d'autres mains la clef de l'Hellespont et sacrifier une foule d'avantages d'ordre commercial, stratégique, politique. Un vaincu peut consentir de tels sacrifices, mais non pas un victorieux. La preuve que Ptolémée appréciait les avantages de ces possessions, c'est que, suivant M. Beloch, il se serait ravisé plus tard et aurait jugé à propos de remettre la main sur elles, apparemment comme sur un héritage vacant dont il ne fallait laisser approcher ni le roi de Macédoine, ni le roi de Pergame. Est-il croyable que, dix ans plus tôt, il se soit bénévolement dessaisi de ce qu'il prit alors la peine de revendiquer, sans motif autre que son intérêt mieux entendu? Il y aurait sans doute un moyen d'affaiblir l'objection. Ce serait de dire que la conquête de la Thrace, mentionnée sur l'inscription d'Adulis avec tant d'autres auxquelles Ptolémée a si aisément renoncé, n'était peut-être pas effective, et qu'en somme, le Lagide n'avait cédé de ce côté que ce qu'il n'avait pas pu prendre. Mais le témoignage de l'inscription triomphale est corroboré par un texte de Polybe (XVIII, 34 [51 Dind.]), qui résume les raisons alléguées en 196 par Antiochus III pour justifier aux yeux des Romains la conquête de la Chersonèse de Thrace, reprise par lui aux Lagides. Antiochus affirme qu'il ne fait que rentrer dans l'héritage de ses ancêtres. Ce domaine, en effet, possédé d'abord par Lysimaque, était tombé par droit de conquête aux mains de Séleucus Nicator ; mais, « profitant des tourmentes qui, dans les temps suivants, avaient éprouvé les ancêtres d'Antiochus, Ptolémée s'était violemment emparé le premier de ces pays, et Philippe après lui. » Antiochus, cela est de toute évidence, avait intérêt à représenter la Chersonèse comme longtemps possédée par les Séleucides. Si la Thrace n'était devenue possession égyptienne qu'à la fin du règne de Séleucus Callinicus, père d'Antiochus III, celui-ci n'eût pas manqué de dire : « Le pays que je viens de reprendre appartenait encore, il y a trente ans, à mon père ». Les expressions vagues sous lesquelles il dissimule la date de l'usurpation des Lagides indique bien que cette usurpation n'est pas récente. Il est même probable qu'elle remonte au temps de Ptolémée Philadelphe, et que, si la Thrace figure sur l'inscription d'Adulis, c'est parce que Ptolémée Évergète avait converti l'occupation précaire, illégale, de cette région en droit de conquête légitime. En tout cas, il est impossible d'admettre, avec M. Beloch, que la Thrace fût encore, en 227, au pouvoir des Séleucides.

D'ailleurs, cette hypothèse n'est aucunement nécessaire pour expliquer qu'Antiochus Hiérax ait eu l'idée de chercher un asile du côté de la Thrace. Il n'y avait plus de place pour lui en Asie Mineure. En Bithynie, il risquait d'exciter la méfiance de son beau-frère Prusias Ier, qui l'eût probablement traité en prétendant ou livré à Attale. On peut croire que, habitué de longue date à se servir des Gaulois d'Asie Mineure, il songea aux Gaulois de Thrace. Il entrevit vaguement la possibilité de se refaire, avec leur aide, un royaume en Thrace, aux dépens de Ptolémée, dont il se vengerait ainsi par surcroît. On comprend même très bien, de cette façon, qu'il ait fini par tomber sous les coups des Gaulois, comme le dit Trogue-Pompée. Évadé de prison, il devait être fort mal pourvu d'argent. Sans doute, il enrôla ses mercenaires en leur faisant des promesses qu'il ne put tenir, et ceux-ci, s'estimant dupés, le massacrèrent à la première échéance. Justin dit qu'Antiochus fut tué par des brigands *(a latronibus)* : on conviendra que, entre des brigands et des soudards qui demandent à leur chef la bourse ou la vie, la différence n'est pas grande. Elle ne dépasse pas, à coup sûr, la dose d'inattention dont on peut rendre Justin responsable.

Ainsi, tout en refusant de croire avec M. Beloch qu'Antiochus Hiérax fût chez lui en Thrace, on peut retenir ce qu'il a introduit d'original, de plausible aussi, dans sa conception du dénouement. De ce que la côte de Thrace était au pouvoir de Ptolémée, il ne s'ensuit pas nécessairement que Antiochus ait été arrêté et emprisonné en Thrace. Justin, qui seul nous renseigne sur l'arrestation et l'évasion, ne dit mot de la Thrace, et la marche de son récit indique bien que le désespéré, voulant faire appel à la protection de Ptolémée, a dû courir au plus près au lieu d'aller chercher cette protection en Thrace. Aussi Droysen avait-il senti la nécessité de rentrer dans le vraisemblable (aux dépens de Justin, comme toujours), en supposant qu'Antiochus n'avait aucunement l'intention de se livrer à Ptolémée, mais avait été arrêté dans sa fuite par quelque garnisaire égyptien de Thrace. Une première irrévérence en entraîne une autre, et c'est ainsi qu'on refait l'histoire en bafouant les témoins.

A part les fantaisies superflues que nous lui avons reprochées, M. Beloch a dû à sa résolution bien arrêtée de prendre Justin pour guide d'avoir approché plus qu'aucun de ses devanciers de la vérité, représentée ici par le vraisemblable.

VI

Il est temps d'acheminer vers une conclusion cette longue étude, au cours de laquelle nous avons analysé et critiqué jusqu'à six systèmes différents. Cette juxtaposition même de trames disparates, ourdies avec les mêmes textes, invite au scepticisme, et ce m'est une raison entre autres pour ne pas proposer en ce moment une nouvelle combinaison qui, reproduisant dans ses grandes lignes celle de M. Beloch, utiliserait dans le détail l'érudition plus circonspecte de

M. Kœpp[1]. Mon but a été de tirer de ces débats non pas un chapitre d'histoire mieux garanti contre les objections, mais une leçon de méthode historique, ou plutôt, en termes à la fois plus modestes et plus précis, un aperçu des procédés de critique appliqués à la solution d'un problème d'histoire.

L'histoire, qui a la légitime prétention d'être une science, est aussi un art. Dans quelle mesure est-elle l'un et l'autre, on a beaucoup disserté, et sans utilité pratique, sur la question, entre gens qui ne s'entendent pas même sur le sens des mots. Droysen, las de batailler contre Buckle, qui voudrait classer l'histoire parmi les sciences naturelles, s'écrie : « Pourquoi, de toutes les sciences, l'histoire a-t-elle ce bonheur douteux qu'elle doit être en même temps un art ? » (*Grundriss der Historik*, p. 85.) C'est que, pourrait-on lui répondre, l'histoire ne peut être qu'une science morale, obligée de compter avec un élément rebelle aux prises de la nécessité scientifique, la liberté ou spontanéité humaine, et que, d'autre part, étant asservie à reproduire la réalité, elle doit s'interdire la liberté de conception personnelle, qui est l'essence de l'Art. Elle est trop libre pour être une science proprement dite, pas assez pour être un art.

C'est même une illusion, dans laquelle tombent la plupart des théoriciens, et Droysen tout le premier, que de ranger dans la partie scientifique de l'histoire la « critique des sources ». « Dans ce champ de la critique historique, » écrit Droysen (p. 83), « notre nation marche en avant de toutes les autres depuis Niebuhr ; » et il a soin de dire, de peur qu'on ne le devine pas, que Macaulay et Thiers sont

---

[1]. Il me semble avoir indiqué suffisamment, parmi les solutions de détail, celles qui sont à retenir ou à rejeter. On me dispensera volontiers d'insérer ici ou d'analyser un chapitre d'une *Histoire des Séleucides*, qui a chance de ne jamais voir le jour, si je m'obstine à décrire autour de chaque point d'interrogation — et ils sont nombreux — des circuits pareils à celui-ci. Depuis la rédaction de ce mémoire (1894), j'ai pu constater, dans Gaebler, *Erythrae* (Berlin, 1892), — monographie qui touche incidemment à la question, — et dans les biographies des *Antiochus* et des *Attales* par Wilcken (parues récemment dans la *Real-Encyclopädie* de Pauly-Wissowa, 1894-1896), que la critique, dévoyée par la pratique du dédain transcendant, revient au cadre tracé par Justin. Seul Gaebler refuse encore (p. 35) d'abandonner l'hypothèse niebuhrienne d'Antiochus Hiérax « ami » de Ptolémée et stratège d'Asie Mineure pour le compte du Lagide. L'auteur d'une monographie toute récente, U. Pedroli, *Il regno di Pergamo* (Torino, 1896), ne rejette du système de Beloch que la malencontreuse adhésion de celui-ci à l'opinion de Niebuhr et de Kœhler sur les « victoires galatiques » d'Attale (ci-dessus, p. 54).

tout au plus d'agréables rhéteurs. Un peu de modestie ne messied pas aux victorieux : elle sied même tout à fait à ceux qui, pour avoir poussé à l'excès la confiance en leur propre jugement, ont franchi le point où les extrêmes se touchent, et, visant à l'« objectivité » absolue, ont, comme Protagoras, fait de leur moi la mesure de toutes choses.

Quand la tâche de la critique historique consiste à recoudre par d'habiles sutures les lambeaux de la tradition, ce n'est pas aller chercher bien loin les comparaisons que de la rapprocher de l'art médical ou chirurgical, qui est aussi une science. La comparaison paraîtra mesquine à ceux qui exigent que l'histoire soit une « résurrection »; mais elle n'en est peut-être que plus juste. Ici comme là, on rencontre, munis d'un fonds commun de science, des praticiens hardis et des temporisateurs, qui interprètent chacun à leur façon, pour chaque cas particulier, les données générales de la science. Ici comme là, un observateur attentif peut discerner — non pas dans la science, mais dans l'art, application pratique de la science — la part de la mode, de l'engouement momentané pour certains procédés opératoires.

J'ai cru devoir, pour un cas particulier et sans vouloir regarder au delà, signaler le danger des procédés de critique inaugurés par Niebuhr, ou plutôt appliqués par lui avec une témérité jusque-là inconnue.

On a vu comment son plus fidèle disciple, pour s'être cru dispensé de tout ménagement envers des textes qu'il brisait l'un contre l'autre, a été amené à entasser conjectures sur conjectures, récriminant à tout propos contre l'incohérence des témoignages, et, au fond, encore plus mal satisfait de lui-même. L'exemple de Droysen a servi de leçon à ses successeurs, et il est intéressant de constater que ceux qui ont le mieux réussi à donner du règne de Séleucus II une esquisse acceptable, vraisemblable, probable même, sont précisément ceux qui ont le plus scrupuleusement respecté le texte de Justin en ménageant, dans la mesure du possible, celui d'Eusèbe.

Aristote disait qu'il fallait un point d'arrêt dans la recherche des causes. Il en faut un aussi à la critique historique. Bon gré, mal gré, sous peine de tomber dans l'agnosticisme — qui est pour elle le suicide — ou dans la fantaisie individuelle, elle doit accorder une certaine foi aux témoignages qu'elle ne peut pas contrôler, lorsqu'ils ne sont pas nettement contredits par d'autres de valeur égale. Que cette foi comporte des réserves et ne confonde pas la probabilité avec la certitude, rien de mieux; mais l'historien qui, après avoir disqualifié tous ses témoins, prétend se substituer à eux, voir par leurs yeux tout autre chose que ce qu'ils ont vu eux-mêmes, doit se rendre compte qu'il remplace la foi aux autres par la foi en lui-même, et qu'il est peut-être le seul à gagner au change.

A. BOUCHÉ-LECLERCQ.

Original en couleur
NF Z 43-120-8

CHAQUE NUMÉRO CONTIENT :

I. Une suite d'articles de fond répartis en deux groupes : 1° **Antiquité**; 2° **Moyen-Age et Temps modernes**.
II. Un **Bulletin historique régional**.
III. Une **Chronique** (France ou Extérieur).
IV. Une série de **Comptes rendus bibliographiques**.

BULLETINS RÉGIONAUX

Dans chaque livraison, le *Bulletin historique régional*, consacré à l'un des pays méridionaux, présente un classement rationnel et un résumé critique de tout ce qui a récemment paru sur la région étudiée. L'ensemble de ces analyses méthodiques formera comme un abrégé des travaux relatifs à la France méridionale.

Ont paru jusqu'ici :

1895, 1, *Bordeaux* (C. Jullian); — 2, *Provence* (M. Clerc); — 3, *Agenais* (J. Andrieu); — 4, *Béarn et Pays basque* (V. Dubarat).

1896, 1, *Hérault et Montpellier* (L.-G. Pélissier); — 2, *Roussillon* (J. Calmette); — 3, *Toulouse* (P. Dognon); — 4, *Périgord* (F. Labroue).

1897, 1, *Vallées d'Andorre* (J.-A. Brutails); — 2, *Gironde* (C. Jullian).

ABONNEMENTS

Le montant des abonnements doit être adressé à MM. Feret et Fils, **15, cours de l'Intendance, Bordeaux**.

PRIX DE L'ABONNEMENT ANNUEL :

Bordeaux, Paris et Départements..........F.	10	»
Union postale...................................	12	»
Prix de l'année entière, brochée...............	12	»
Prix de chaque fascicule séparément.........	3	50

www.ingramcontent.com/pod-product-compliance
Lightning Source LLC
LaVergne TN
LVHW021722080426
835510LV00010B/1098